Gabriela Bunz-Schlösser

Hand in Hand mit dem inneren Kind

W0331354

Gabriela Bunz-Schlösser

Hand in Hand mit dem inneren Kind

Wie Sie Bedürfnisse aus der Vergangenheit
erfüllen und alte Wunden heilen

mvg Verlag

Bibliografische Information der Deutschen Bibliothek
Die Deutsche Bibliothek verzeichnet diese Publikation in der Deutschen Nationalbibliografie; detaillierte bibliografische Daten sind im Internet über http://dnb.ddb.de abrufbar.

Copyright © 2003 bei mvgVerlag im verlag moderne industrie AG & Co. KG, Landsberg – München

Alle Rechte, insbesondere das Recht der Vervielfältigung und Verbreitung sowie der Übersetzung, vorbehalten. Kein Teil des Werkes darf in irgendeiner Form (durch Fotokopie, Mikrofilm oder ein anderes Verfahren) ohne schriftliche Genehmigung des Verlages reproduziert oder unter Verwendung elektronischer Systeme gespeichert, verarbeitet, vervielfältigt oder verbreitet werden.

Umschlaggestaltung: Atelier Seidel, Neuötting
Satz: mi, J. Echter
Druck- und Bindearbeiten: Ebner & Spiegel, Ulm
Printed in Germany 08350/020301
ISBN 3-478-08350-8

Inhalt

Einleitung

Hallo liebe Leserinnen und Leser,

die meisten von uns haben eine Menge Bedürfnisse, die in unserer Kindheit und Jugendzeit häufig nicht in genügendem Maße erfüllt worden sind, wie z.B. liebevolle Zuwendung, Geborgenheit und Sicherheit.

Dieses Buch über die Arbeit mit dem inneren Kind ermöglicht es Ihnen, all diese Bedürfnisse auf dem imaginativen Weg, d.h. mithilfe von inneren Vorstellungsbildern, nachzuholen.

Es ist eine relativ einfache Methode, die sich auch gut von Laien erlernen lässt und die sich immer wieder in ihrer Art wiederholt.

Sie ist insgesamt neun Jahre lang auf Herz und Nieren von mir und sehr vielen meiner Klienten geprüft worden! Sie hat nicht nur mir selbst wunderbare Möglichkeiten gegeben, mein Leben wesentlich freudvoller zu gestalten, sondern auch Hunderten meiner Klienten geholfen, mit sich selbst besser zurechtzukommen und von der Liebe anderer Menschen nicht mehr abhängig zu sein. Was nicht heißt, dass es nicht wunderschön ist, von einem Menschen innigst geliebt zu werden … Letzteres wünsche ich jedem von Ihnen!

Aber wie Sie sicher selbst schon oft festgestellt haben, entstehen im Leben unendlich viele Probleme allein dadurch, dass im Grunde seines Herzens jeder Mensch von allen geliebt werden möchte und dieser Wunsch „natürlich“ nicht in Erfüllung geht.

Bei der Arbeit mit dem inneren Kind eröffnen sich für Sie ganz neue Möglichkeiten, einen Weg zu sich selbst und schließlich zu Ihrem eigenen Inneren zu finden. Dadurch erhalten Sie eine neue Methode, intensiv Kraft für den Alltag zu schöpfen.

Sie werden in neuer Weise ausgeglichen, selbstbewusst, beziehungsfähig und entscheidungsfreudig. Und als „Nebeneffekt" werden Sie im wahrsten Sinne des Wortes „sehen" können, wie sich durch diese Arbeit Ihre zunehmende innere Schönheit auf Ihre äußere Schönheit und Jugendlichkeit auswirkt.

Erwachsen-Sein bedeutet für viele von uns, dass wir vernünftig, souverän und sachlich, dem Alltag gut angepasst und allen Situationen des Lebens gewachsen sind. Dabei übersehen wir, dass das Letztere nur dann gut gelingt, wenn wir als Erwachsene auch immer einen guten Draht zu dem Kind und dem Jugendlichen in uns haben, das/der wir einmal waren. Ein Mensch, der „nur" erwachsen ist, ist auf Dauer unerträglich. Ein Mensch, der als Erwachsener „nur" Kind ist, ist es mindestens ebenso.

Es gilt, einen guten Kontakt zwischen dem Erwachsenen-Anteil und dem Kind-Anteil in uns herzustellen. Dies vermag die Arbeit mit dem inneren Kind, wie ich Sie Ihnen hier vorstellen werde, zu leisten. Wenn Sie gelernt haben einen guten Kontakt zwischen diesen beiden Anteilen in sich herzustellen, können beide Anteile in Ihnen voneinander profitieren und sich wie ein gutes Paar ergänzen. Es fällt Ihnen dann viel leichter, das Leben zu meistern, als vorher.

Kapitel 1

Mein eigener Weg zu meinem inneren Kind

Vor ca. zehn Jahren brachte mir eine Patientin das Buch „Aussöhnung mit dem inneren Kind" von Erika J. Chopich und Margaret Paul in meine Praxis mit. Die Lektüre hat mich sehr gefesselt und mir gleichzeitig klar gemacht, dass ich mit meinem inneren Kind noch eine Menge zu tun habe. Ich hatte zwar schon zehn Jahre lang drei Zusatzausbildungen in psychotherapeutischen Therapieformen gemacht (wie das katathyme Bilderleben, das Psychodrama und die Verhaltenstherapie), aber mit meinem inneren Kind habe ich dabei noch nie gearbeitet.

Um Psychotherapeut werden zu können, muss man sich mithilfe der zu erlernenden Therapiemethode mehr oder weniger auch selbst therapieren lassen, um Probleme, die man vor allem noch aus der Kind- und Jugendzeit mit sich herumschleppt, möglichst aufzulösen. Dies ist sehr wichtig, damit einigermaßen gewährleistet ist, dass der Therapeut später nicht eigene ungelöste Probleme auf seine Patienten projiziert. Außerdem ist für den Therapeuten wichtig zu wissen, wie sich der Patient fühlt, bei dem man diese Methode anwendet.

Das oben genannte Buch hat mich zwar sehr dazu angeregt, mit meinem inneren Kind zu arbeiten, aber nach einigen Versuchen habe ich das wieder abgebrochen, weil mir systematische Anleitungen gefehlt haben. Auch in dem später von den gleichen Autorinnen erschienenen Buch „Das Arbeitsbuch zur Aussöhnung mit dem inneren Kind" fand ich leider nicht das, was ich benötigt hätte, um systematisch mit dem inneren Kind an mir zu arbeiten. Also habe ich versucht, aus dem Gelesenen und meinen drei erlernten Therapiemethoden verschiedene Elemente (wie Rollenwechsel, imaginatives Verfahren und z.B. das Ausprobieren neuer Verhaltensweisen mithilfe innerer Vorstellungsbilder) herauszunehmen und damit eine möglichst einfache, klare und systematische Arbeit mit dem inneren Kind zu entwickeln.

Weil ich in mancher Hinsicht ein ungeduldiger Mensch bin – was in diesem Fall ausnahmsweise mal ein Segen war – und gleich herausfinden wollte, was diese Methode bewirken kann, habe ich dann gleich drei Wochen lang täglich zehn Minuten bis ca. eine halbe Stunde damit an mir gearbeitet. Der Erfolg war für mich phänomenal. Ich habe dadurch etwas verloren, das mich schon mein ganzes Leben begleitet hat und das ich trotz so vieler Therapiejahre (um selbst Therapeut werden zu können) nicht verloren hatte, nämlich das Gefühl, mutterseelenallein auf dieser Welt zu sein. Dieses Gefühl hatte mich bis dahin mein ganzes Leben lang begleitet. Es trat mal weniger und mal mehr auf. Aber so ca. alle ein bis zwei Monate hatte ich Tage, an denen ich mich völlig zurückzog, wieder einmal bis auf die Grundfeste meiner Persönlichkeit von den Menschen enttäuscht war, mich ungeliebt, nicht verstanden und eben mutterseelenallein fühlte. An diesen Tagen war meine Stimmung sehr gedrückt, sehr traurig. Ich ließ mir jedoch nichts anmerken – nach dem Motto: „... und wie's da drin aussieht, geht niemanden was an!“

Aber nach drei Wochen Arbeit mit meinem inneren Kind ist dieses Gefühl, mutterseelenallein auf dieser Welt zu sein, bis zum heutigen Tag nie wieder aufgetaucht. Und das ist nun über neun Jahre her! Falls irgendwann auch nur minimale Ansätze davon auftreten, weiß ich sofort, was ich in meiner inneren Vorstellung machen muss, um mich in wenigen Minuten wieder gut zu fühlen.

Mittlerweile habe ich in meiner psychotherapeutischen Praxis Hunderten von Patienten und Klienten diese Methode beigebracht. Alle, die damit eine Zeit lang regelmäßig gearbeitet haben, kamen zu gleichwertig guten Erfolgen für sich. Ich möchte Ihnen nun diese Methode in der *Hoffnung* vorstellen, dass Sie selbst Lust bekommen, diese für sich auszuprobieren – und mit der *Gewissheit,* dass Sie, wenn Sie mindestens drei Wochen lang täglich kurz damit arbeiten, erfolgreich sein werden.

In Kapitel 9 finden Sie zwei Protokolle, die Ihnen auf eindrückliche Art zeigen, wie man mit dieser Methode arbeiten kann. *Barbara* hat ihre Drei-Wochen-Arbeit mit ihrem inneren Kind, die sie allein durchführte, jeweils laut ausgesprochen und auf Tonband aufgenommen. So können Sie genau mitverfolgen, wie sie mit sich selbst gearbeitet hat.

Michael hat ein Vier-Wochen-Protokoll angefertigt. Diesmal aber auf eine andere Art. Er hat kurz inhaltlich geschildert, was bei dem jeweiligen gedanklichen Zusammentreffen mit ihm als Erwachsenem und ihm als Kind passiert ist. Anschließend hat er jeweils dokumentiert, wie sich durch die Arbeit mit seinem inneren Kind innerhalb von vier Wochen seine Beziehungskrise, die er damals hatte, verändert hat.

Beide Berichte sind Anhaltspunkte dafür, wie die Arbeit mit Ihrem inneren Kind aussehen kann.

Kapitel 2

Wer oder was ist das innere Kind?

Das innere Kind ist kein Phantom oder Hirngespinst. Es ist ein Teil von jedem von uns. Lassen Sie es mich an einem einfachen Beispiel aus dem Alltag erklären:

Wenn man auf einen Menschen wütend ist und vorhat, ihm ordentlich die Meinung zu sagen, ist es sehr sinnvoll, sich vorher zu überlegen, dass dieser Mensch nicht nur aus dem Anteil besteht, der einem im Moment maßlos auf die Nerven geht, sondern dass er (so ist es jedenfalls meistens) durchaus auch andere Anteile in sich hat, die man mag, liebt, schätzt usw. Es ist viel sinnvoller, wenn wir ihm erst sagen, was wir an ihm mögen, und ihm anschließend das mitteilen, was uns wütend macht, als wenn wir einen Rundumschlag durchführen. Letzteres führt schon rein bildhaft dazu, dass von der Person nichts mehr übrig bleibt als etwas „undefinierbar platt Gewalztes“. Entsprechend sehen häufig die Reaktionen dieses „Restes“ der Person aus. Wenn wir dem Menschen, mit dem wir ein „Hühnchen zu rupfen“ haben, allerdings erst klarmachen, dass wir nicht ihn als Ganzes verurteilen, sondern dass uns nur von ihm ein Teil gerade sehr auf die Nerven geht, dann bleibt bei unserem Gegenüber trotz der Kritik ein großer Teil an Persönlichkeit unangefochten, die nichts mit dem zu tun hat, was uns im Moment gerade „stinkt“. Dadurch haben Sie die Chance, dass der andere Ihre Kritik akzeptieren kann und sich zumindest überlegt, ob er sein Verhalten nicht ändern sollte.

Nebenbei ist immer sehr zu empfehlen, in zwischenmenschlichen Beziehungen zueinander einen *Boden* zu bauen. Einen Boden, auf dem man auch noch gut steht, wenn einem etwas Unangenehmes mitgeteilt wird. Diesen Boden kann man am besten bauen, wenn man dem anderen ganz viele kleine Details, die wir gut an ihm finden, so oft wie möglich mitteilt. Wenn der Mensch einmal genug positives Feedback erhalten hat, kann er Kritik meistens nicht nur gut ertragen, sondern sie auch konstruktiv umsetzen. Und es lohnt sich auch, den

Menschen, mit dem man in einer wichtigen Beziehung steht, zu bitten, die positiven Dinge, die ihm an einem selbst auffallen, mitzuteilen. Wir haben das alle nicht gelernt, aber es ist meines Erachtens die wichtigste Grundlage für unsere positive Weiterentwicklung wie auch für den Abbau von Gewalt.

Menschen, die Gewalt ausüben, sind meist Menschen, die in ihrem Herzen unsicher und ängstlich sind und sich nicht trauen, „normale" aggressive Reaktionen zu zeigen. So kommt dann die Gewalttat wie aus „heiterem Himmel" – ohne Vorankündigung. Wenn wir es schaffen zu lernen, den Menschen viel mehr positive Rückmeldungen zu geben, werden sie sicherer und damit weniger ängstlich. Auf diese Weise könnte in vielen Fällen Gewalt verhindert werden.

Ich bin felsenfest davon überzeugt, dass das Wichtigste für eine gute Weiterentwicklung eines jeden Menschen das Bauen dieses *Bodens* ist. Loben ist sehr einfach. Man kann sich gut daran gewöhnen! Man muss nur daran denken, die Menschen auch mal zu loben, und dies sollte natürlich ehrlich gemeint sein! Wenn ich jemandem dauernd sage, dass er toll sei, und mir im Stillen das Gegenteil denke, sind solche falschen Lobesworte geradezu schädlich. Sie fördern nur das eingebildete Ego des Menschen und versetzen ihn damit in eine Scheinwelt, aus der er früher oder später böse herausfallen wird.

Das *Kind* in Ihnen braucht auch diesen *Boden*, den es meistens nicht hat. Und so erscheint es nur allzu logisch, dass ein großer Teil des Heilungsprozesses darin besteht, dass Sie diesen Boden herstellen, indem Sie Ihrem inneren Kind gut zureden, Mut machen, es loben, anerkennen usw.

Kommen wir noch einmal darauf zurück, wie wichtig es ist, den Menschen in seinen verschiedenen „Anteilen" zu sehen und zu lernen, diese auch in der jeweiligen Situation auseinander zu halten. Es könnte z.B. sein, dass

Sie einen sehr liebenswerten Anteil in sich haben, einen hilflosen, einen rechthaberischen, einen überpeniblen, einen, auf den man sich 150-prozentig verlassen kann, einen schüchternen, einen starken, wenn es um Ihre Rolle im Beruf geht, usw.

Das innere Kind ist auch so ein Anteil von uns, ebenso wie es der Erwachsene in uns ist, der wir heute sind (ich gehe davon aus, dass dieses Buch in erster Linie „Erwachsene“ lesen). Ein dritter Anteil, der auf diese Ebene passt, ist der Mensch, der wir in Zukunft sein werden. Dieser „Zukunftsmensch“ weicht von dem „Erwachsenen“, der wir heute sind, nur dann ab, wenn wir uns weiterentwickeln. Aber selbst wenn wir das nicht bewusst tun, werden wir z.B. in den nächsten 20 Lebensjahren viele neue Erfahrungen machen, die uns vielleicht verändern, ohne dass wir selbst viel dazu beigetragen hätten.

Sie können sich wahrscheinlich vorstellen, dass Sie Ihre momentane Lebenssituation anders sehen, wenn Sie diese in 20 Jahren noch einmal rückwirkend betrachten. Durch den Abstand zur heutigen Situation können Sie sie wahrscheinlich objektiver betrachten.

Der Rollenwechsel vom Erwachsenen zum Kind und umgekehrt bedeutet gleichzeitig immer, dass Sie die Szene, um die es sich gerade handelt, aus unterschiedlichen Blickwinkeln sehen können. Sie werden erstaunt sein, wie oft Sie Situationen aus der Kindperspektive anders betrachten und empfinden, als wenn Sie sich in der Erwachsenen-Rolle befinden und sich von dort aus in das eigene Kind „einfühlen“. Ich bin immer wieder verblüfft, dass der Rollenwechsel Perspektiven hervorbringt, an die man als Erwachsener gar nicht denkt.

So zeigt sich auch, dass wir uns in unsere eigenen Kinder immer nur bedingt einfühlen können. Um wirklich zu erahnen, was in ihnen vorgeht, ist ein gedanklicher Rollenwechsel (auch in die Körpergröße und entsprechende Perspektive zur Umwelt) notwendig und Erfolg versprechend. Und ebenso wird es Ihnen gehen, wenn Sie als der Erwachsene, der Sie heute sind, an Situationen aus Ihrer Kindheit und Jugendzeit denken. Heute sehen Sie alles mit Abstand. Damals steckten Sie mittendrin in den Freuden und Leiden des jeweiligen Alters.

Das innere Kind ist also der Anteil in Ihnen, der Sie früher einmal waren. Wenn Sie ein ängstliches Kind waren, ist es der ängstliche Anteil in Ihnen, der heute vielleicht auch noch so ab und zu plötzlich in Form von Ängsten auftaucht, die Sie eigentlich als Erwachsener in dem Maße gar nicht mehr haben müssten. Aber Sie erleben die Ängste in der entsprechenden Situation als unangemessen stark. Oder Sie waren vielleicht ein recht wildes Kind und man hatte Mühe, Sie zu bändigen. Irgendjemand hat dies aber dann vielleicht mit Brachialgewalt geschafft. Und heute sind Sie möglicherweise alles andere als wild, sondern überangepasst und zurückhaltend, und Sie wären, wenn Sie es sich selbst erlauben würden, oft gerne temperamentvoll, würden gerne Tango tanzen oder beispielsweise auf eine andere Art voller Spaß herumtoben. Aber nein: Man hat Ihnen dies mit Gewalt abgewöhnt und Sie sind bis heute in sich „eingerostet" und müssten ordentlich „geölt" werden, damit Sie wieder so in die Gänge kommen, wie es Ihrem eigentlichen Wesenskern entspricht. Das alles vermag die Arbeit mit dem inneren Kind.

Wir reagieren als Erwachsene in manchen Situationen noch genauso, wie wir als Kind reagiert haben, weil irgendetwas in uns noch nicht verstanden hat, dass wir in der Zwischenzeit längst erwachsen geworden sind und z.B. die böse Großmutter, die uns früher das Leben zur Hölle gemacht hat, „eigentlich" längst nicht mehr unser Leben bestimmt. Doch irgendwie tut sie es noch immer, obwohl sie vielleicht schon vor langer Zeit gestorben ist. Sie tut natürlich gar nichts mehr, aber wir reagieren immer noch mit der Überlebensstrategie, die wir uns als Kind zurechtgelegt haben, um die Situation heil zu überstehen. Das kann so aussehen, dass wir in einer Situation, in der uns ein anderer Mensch in der heutigen Zeit das Leben zur Hölle macht, noch genauso reagieren, wie wir es als Kind taten, nämlich z.B. verängstigt, schweigend, mit Druck im Bauch usw., anstatt diesem Menschen klare Grenzen zu setzen.

Das Wort *„Überlebensstrategie"* bezeichnet eine der wichtigsten Verhaltensweisen, die wir uns als Kind unbewusst zurechtgelegt haben. Wir sind immer so schnell dabei, andere Menschen für individuelle Verhaltensweisen zu verurteilen. Wenn wir lernen, die dahinter verborgene Überlebensstrategie zu erkennen, können wir solches Verhalten anders einordnen. Wenn ich verstehe, wie ein Mensch zu seinen problematischen Verhaltensweisen gekommen ist, kann ich besser damit umgehen. Ich werde sein Verhalten dann z.B. nicht sofort auf mich beziehen, sondern als Muster erkennen, wie der andere früher mit solchen Situationen fertig geworden ist. Das heißt aber nicht, dass wir ein ungutes Verhalten akzeptieren sollten. Wir können auch keinen Mord tolerieren, aber wenn wir versuchen zu verstehen, wie ein Mörder zu seiner Tat kam, werden wir vielleicht anders mit ihm umgehen können.

Das Fatale ist, dass wir oft gar nicht begriffen haben, dass wir diese Formen von Überlebensstrategien (wie z.B. völligen Rückzug) heute als erwachsene Menschen gar nicht mehr benötigen, da wir inzwischen ganz andere Möglichkeiten haben könnten, uns zu wehren. Bei der Arbeit mit dem inneren Kind können wir solche neuen Strategien aus der Rolle des Erwachsenen heraus in den Vorstellungsbildern ausprobieren, falls sie in unserem Verhaltensrepertoire noch nicht enthalten sind.

Unsere Überlebensstrategien werden uns dann zunehmend bewusst. Sie werden lernen, dass Sie diese heute nicht mehr benötigen, sondern längst in schwierigen Situationen anders handeln können, als Sie es als Kind getan haben.

Ein anderes Beispiel: Wenn Sie als Kind gelernt haben, dass Sie Zuwendung der Eltern nur bekommen, wenn Sie ihnen mit lautem Geschrei pausenlos Geschirr zerschmeißen, dann werden Sie diese Überlebensstrategie (denn ohne Zuwendung können wir nicht leben) vielleicht heute noch anwenden, wenn sich jemand, den Sie mögen, Ihnen gegenüber nicht so verhält, wie sie es möchten. (Ich übertreibe immer gerne ein bisschen, aber dann versteht man oft leichter, was ich sagen will.)

Viele Verhaltensweisen, die wir als Erwachsene an den Tag legen, sind alte Überlebensstrategien aus unserer Kindheit. Und damit zerstören wir u.U. Partnerschaften, bekommen Probleme mit Arbeitskollegen, versagen im Beruf oder schaffen uns andere Probleme.

Um aus diesem Schlamassel wieder herauszukommen, können wir durch die Arbeit mit dem inneren Kind aus der Rolle des Erwachsenen heraus, der wir heute sind, dem Kind, das wir einmal waren, helfen, das Leben neu zu meistern. Ebenso lernen wir durch die Arbeit mit unserem inneren Kind den Erwachsenenanteil in uns zu stärken und weiter auszubilden.

Wir können in den inneren Vorstellungsbildern dem Kind, das wir einmal waren, helfen, alte Bedürfnisse wie Geborgenheit, Geliebt-Werden, Lebendigsein-Dürfen, Sich-entwickeln-Dürfen usw. nachzuholen.

Wenn dies alles geschehen ist und ein guter Kontakt zwischen dem Erwachsenen und dem Kind, das wir früher einmal waren, in uns hergestellt ist, werden wir spüren, dass in uns etwas heil geworden ist.

In diesem neuen Zustand sind wir beziehungsfähiger als vorher. Wir fühlen uns nicht mehr so abhängig davon, ob wir von jemand anderem geliebt werden oder nicht. Wir können mit uns selbst viel mehr anfangen, sind selbstbewusster, nicht mehr so labil wie früher und spüren uns selbst auf eine neue und lebendigere Weise. Es ist uns dann meist auch ganz anders möglich, auf andere Menschen zuzugehen. Wenn ein Mensch von sich sagt, er sei nicht beziehungsfähig, heißt das lediglich, dass er zu sich selbst, d.h. zu dem Kind in sich, keine ausgewogene Beziehung hat (manchmal so gut wie gar keine!). Er ist wie vom Kind, das er einmal war, abgeschnitten. Dieser Zustand tut sehr weh, wenn man ihn als Gefühl zulässt. Also schneidet man diese Gefühle ab – mit dem Ergebnis, dass man damit nicht nur dieses, sondern auch noch eine ganze Menge anderer Gefühle abschneidet. Solche Menschen bezeichnen wir dann als „kalt", gefühllos" etc. Wenn Sie jedoch gelernt haben, dass diese „Kühle" eine alte Überlebensstrategie ist, werden Sie leichter einen guten Zugang zu solch einem „abgestorbenen" Menschen finden, als wenn Sie auf allzu große Distanz gehen. Durch Kühle strahlt ein Mensch meist etwas aus wie: „Komm mir nicht zu nahe!" Hinter Kälte und Gefühllosigkeit steht fast immer Angst – ein ängstliches Kind im Erwachsenen. Dieses ängstliche Kind gilt es zu erkennen, zu beruhigen und aufzubauen – ganz egal ob Sie das nun mit Ihrem inneren Kind tun oder mit einem Menschen, an dem Ihnen viel liegt und der sich Ihnen gegenüber kalt und gefühllos zeigt.

Angstabbau ist neben dem Aufbauen eines gesunden *Bodens* m.E. das Wichtigste, das wir für uns selbst und andere Menschen tun können.

Wenn Sie sich nun in der Art, wie ich es Ihnen in den nächsten Kapiteln vorstelle, intensiv mit Ihrem inneren Kind in positiver Weise beschäftigen, werden Sie von diesem Kind in Ihnen sehr belohnt werden. Die Krönung dieser Arbeit ist nämlich, dass Ihr inneres Kind dann quasi die Pforte zu Ihrem eigenen Inneren wird. Die Mühe hat sich doppelt gelohnt. Ihr inneres Kind wird Sie reich beschenken. Denn nun brauchen wir uns nur unserem inneren Kind zuzuwenden, wenn es uns als Erwachsenem einmal nicht gut geht oder wir Entscheidungen treffen müssen, die uns schwer fallen. Wenn wir uns in solchen Situationen dem inneren Kind in uns zuwenden, werden wir sofort eine Antwort von ihm bekommen, was wir als Erwachsene tun können, damit es uns besser geht oder damit wir die für uns jeweils richtige Entscheidung treffen. Das sind dann die berühmten Entscheidungen, die aus dem „Bauch“ kommen und manchmal mit unserer Kopfentscheidung nicht übereinstimmen. Das Kind in uns wird uns keine kindischen Entscheidungen offerieren, sondern uns helfen, aus einer anderen Perspektive die Situation zu betrachten.

Wenn Sie selbst Kinder haben, haben Sie sicher schon öfter erlebt, dass eines Ihrer Kinder plötzlich etwas sagt, das in Bezug auf das Thema, worüber Sie sich als Erwachsene z.B. gerade unterhalten, genau den *Nagel auf den Kopf* trifft. Diese Äußerung Ihres Kindes kommt aber nicht daher, dass das Kind schon so „erwachsen“ denken kann, sondern das Gesagte ist quasi durch das Kind durchgelaufen! Das ist dann das, was aus dem eigenen Inneren kommt.

Je mehr wir als Erwachsene für das Kind in uns getan haben, desto leichter ist der Zugang zu unserem eigenen Inneren auch wiederhergestellt. Und umso leichter kann nun auch bei uns Erwachsenen etwas *durchlaufen!* Psychologisch ausgedrückt würde man dann sagen: eine spontane Aussage, eine schlagfertige Aussage etc.

Um zu überprüfen, welche Form von Entscheidung für Sie die richtige ist, empfehle ich Ihnen folgenden Test zu machen:

Fragen Sie bei jeder noch so kleinen Entscheidung, die Sie im Alltag treffen müssen, immer sowohl Ihren Kopf als auch Ihr eigenes Inneres (das innere Kind ist die Pforte dazu). Wenn beide dasselbe antworten, ist die Entscheidung klar. Wenn einer etwas anderes „sagt“ als der andere, probieren Sie es aus. Treffen Sie Ihre Entscheidung einmal nach der Art, wie es Ihr Kopf diktiert, und schauen Sie anschließend, ob es für Sie richtig war oder nicht. Bei einer anderen Entscheidung handeln Sie nach der Antwort des inneren Kindes und schauen im

Nachhinein, ob Sie für sich richtig entschieden haben. Ich habe diesen Test hundertmal gemacht. Das Ergebnis war, dass meine Entscheidungen fast immer am besten ausfielen, wenn ich sie nach der Art gemacht habe, wie es mir mein inneres Kind „gesagt“ hatte. Dabei fiel mir mehrfach auf, dass die Antwort meines inneren Kindes ein Vorauswissen erfordert hat, das mein Kopf noch gar nicht bieten konnte. Und solche „Antworten“ schafft nur das eigene Innere.

Um Missverständnissen vorzubeugen, möchte ich unbedingt betonen, dass selbstverständlich z.B. in Arbeitssituationen häufig kopfgesteuerte Entscheidungen eingesetzt werden müssen. Ihre Intelligenz und Ihr logisches Denkvermögen sind dafür unentbehrlich.

Aber es gilt, allgemein ein Gleichgewicht herzustellen zwischen Kopf und Herz, damit dieses Leben lebenswerter wird und wir zuversichtlich und fröhlich werden können. Wenn uns das gelingt, werden wir die Schwierigkeiten und Lernerfahrungen, die uns das Leben „bietet“, gut meistern können.

Wussten Sie schon, dass wir in allem, was wir tun, nur zu zehn Prozent von unserem Bewusstsein gesteuert sind und 90 Prozent unserer Handlungen unser Unterbewusstsein verursacht?

Wenn Sie sich diese Tatsache verdeutlichen, wird Ihnen noch mehr die positive Tragweite der Arbeit mit Ihrem inneren Kind klar.

Kapitel 3

Wann ist die Arbeit mit dem inneren Kind sinnvoll?

Wann ist die Arbeit mit dem inneren Kind sinnvoll?

Es gibt eine Vielzahl von Befindlichkeitsstörungen oder gar psychosomatischen Beschwerden, die wir heilen können, wenn wir uns ernsthaft mit unserem inneren Kind auseinander setzen. Die Arbeit mit dem inneren Kind ist sinnvoll:

- bei mangelndem Selbstbewusstsein,
- wenn man sich beziehungsunfähig fühlt,
- bei häufigem Auftreten des „Sich-mutterseelenallein-Fühlens" in dieser Welt,
- bei leichten depressiven Verstimmungen,
- bei Angstzuständen leichteren Grades,
- bei Partnerschaftsproblemen,
- bei Problemen mit den eigenen Kindern (bei denen man häufig das Kind, das man einmal selbst war, in den eigenen Kindern nicht leiden kann!),
- bei Problemen am Arbeitsplatz,
- bei allen Menschen, die glücklicher werden wollen,
- am Ende einer durchgeführten psychotherapeutischen Behandlung, um danach für alle Zukunft die Arbeit mit dem inneren Kind wie eine *Reiseapotheke für die Psyche* ständig bei sich zu haben – für alle Fälle!

Es ist auch durchaus sinnvoll, das Experiment mit Ihrem inneren Kind einmal kurz auszuprobieren, wenn Sie sich überlegen, ob es nicht an der Zeit wäre, Hilfe zur Selbsthilfe in Form einer professionellen Psychotherapie in Anspruch zu nehmen. Viele Menschen warten oft zu lange, bis sie endlich diesen Schritt wagen. In der Zwischenzeit haben sich die Symptome meist deutlich verschlimmert, sodass es in der Psychotherapie dann häufig wesentlich länger dauert, bis alles aufgearbeitet ist, als wenn man schon viel früher damit begonnen hätte. Wenn Sie nun also kurz mit Ihrem inneren Kind arbeiten, werden Sie sicher schneller zu einer klaren Entscheidung bezüglich einer Psychotherapie kommen.

Möglicherweise werden Sie feststellen, dass es Ihnen z.B. trotz mehrfacher Versuche immer noch nicht möglich ist, in irgendeiner Form Kontakt zu Ihrem inneren Kind herzustellen, weil es entweder ständig apathisch in der Ecke sitzt und zu nichts zu bewegen ist oder weil es Sie als Erwachsenen absolut nicht in seiner Umgebung erträgt. Es könnte auch sein, dass Sie als Erwachsener Ihr inneres Kind derart ablehnen, dass Ihnen ganz übel wird, wenn Sie es nur sehen. Auch das hat alles seine Geschichte. Sie sollten sich dafür nicht böse sein, denn derartige Vorkommnisse während der Arbeit mit dem inneren Kind sind ein Zeichen dafür, dass Sie sicher schon lange unter gravierenden Problemen zu leiden haben. Wenn das so ist, möchte ich Ihnen gerne Mut machen, einen guten Psychotherapeuten zu suchen und sich auf Ihrem Entwicklungsweg begleiten zu lassen, damit sich Ihr Befinden bald wieder bessert.

In diesem Sinne also kann ein kurzer Einstieg in die Arbeit mit dem inneren Kind auch so etwas wie ein Test sein, um herauszufinden, ob bei Ihnen eine psychotherapeutische Behandlung in einer entsprechenden Praxis angesagt ist oder nicht.

Kapitel 4

Wann ist von der Arbeit mit dem inneren Kind abzuraten?

Es gibt allerdings auch massive psychische Störungen, bei denen man besser von der Arbeit mit dem inneren Kind absieht. So ist davon abzuraten bei Menschen, die:

- unter Schizophrenie leiden,
- endogene Depressionen oder
- manieforme Zustände haben,
- unter Borderline-Störungen leiden,
- schwere neurologische Störungen (wie z.B. atrophische Prozesse) aufweisen.

Wenn Sie mit Ihrem inneren Kind eine Zeit lang arbeiten und wirklich gar keine Besserung in Ihrem allgemeinen psychischen Befinden feststellen können, sollten Sie auf jeden Fall wieder damit aufhören. Ich habe das schon bei Klienten erlebt, die zu mir kamen, um kurz in die Arbeit mit dem inneren Kind eingeführt zu werden, die mir aber nichts von ihren z.B. seit Jahren existierenden gravierenden psychischen Problemen berichtet haben. Für diese Klienten war nach kurzer Zeit klar, dass sie allein doch nicht weiterkommen würden und erst einmal professionelle Hilfe in Anspruch nehmen wollten und m. E. auch sollten. Die Arbeit mit dem inneren Kind konnte dann am Ende einer Psychotherapie wieder wunderbar eingesetzt werden, um den Klienten für die Zeit danach etwas Hilfreiches mit auf den Weg zu geben.

Kapitel 5

Nachholen von Bedürfnissen

Der für viele immer wieder erstaunlich schnelle Erfolg dieser Arbeit mit dem inneren Kind liegt vor allem an einem Nachholen von Bedürfnissen auf der imaginativen Ebene (d.h. mit inneren Vorstellungsbildern).

In entspannter Atmosphäre können Sie z.B. positive Erinnerungen aus Ihrer Kindheit noch einmal nachholen. Dazu können Sie sich etwa schöne Urlaube, die Sie als Kind beispielsweise bei den Großeltern verbracht haben, noch einmal genau erinnern. Solch eine innere Vorstellung funktioniert oft auch, ohne die erwachsene Person, die Sie heute sind, mit ins Spiel zu bringen. Sie gehen einfach noch einmal gedanklich in die Rolle des Kindes, das Sie damals waren, hinein und stellen sich die schöne Situation aus Ihrer Kindheit vor, in der Sie sich wohl gefühlt haben, wie z.B. die liebevolle Betreuung Ihrer Großeltern in der damaligen Umgebung, spielen in Gedanken noch einmal mit den Tieren, die es dort vielleicht gab, oder mit den Nachbarskindern oder hören sich in Gedanken noch einmal die schönen Gute-Nacht-Geschichten der Großmutter an. Oder Sie gehen noch mal mit dem Großvater zum nahe gelegenen See, um dort Schwäne zu füttern, wenn Sie das damals gerne gemacht haben.

Zu dieser Art von Kontaktaufnahme mit Ihrem inneren Kind benötigen Sie sich als erwachsene Person nicht unbedingt. Solches Nachholen von Bedürfnissen funktioniert auch ohne jede Technik. Man denke sich einfach immer wieder in eine solche vergangene schöne Situation hinein und genieße sie.

Wir denken meistens, dass wir nur etwas „heilen" können, wenn wir an die Dramen herangehen, die wir früher erlebt haben. Dem möchte ich heftig widersprechen. Das ist zwar auch wichtig, aber das Wichtigste ist das Nachholen von zu wenig oder gar nicht erlebten positiven Gefühlen.

Das Nachholen von Bedürfnissen geschieht bei der Arbeit mit dem inneren Kind, aber auch in jeder Situation, in der Sie als erwachsene Person einen Kontakt zu dem Kind in Ihnen aufbauen, das Sie einmal waren, um dann mit diesem Kind alte Situationen neu zu gestalten, sodass es Ihnen als Kind wohl dabei ist. Wie Sie das tun können, werden Sie im nächsten Kapitel systematisch und einfach erlernen können.

So kann es sein, dass Sie sich bei dieser Arbeit an eine Schulsituation erinnern, bei der Sie sich als Kind sehr hilflos vorkamen. Der Lehrer hat Sie z.B. vor versammelter Mannschaft als „dumm" bezeichnet. Wenn Sie nun als Erwachsener in die Situation dazukommen, können Sie dem Kind helfen, indem Sie auch anwesend sind (sodass sich das Kind in dieser Situation nicht allein fühlt). Dabei können Sie sich z.B. vorstellen, dass Sie als die erwachsene Person für alle bis auf das Kind, das Sie einmal waren, *unsichtbar* sind und dass das Kind das auch weiß. Sie können sich als Erwachsener „unsichtbar" neben das Kind setzen oder dieses, wenn es noch sehr klein ist, zu sich auf den Schoß nehmen. Wenn Sie dann in die Rolle des Kindes, das Sie einmal waren, schlüpfen und spüren, wie beschützt Sie sich durch die Anwesenheit des Erwachsenen fühlen, verlieren Sie als Kind schnell Ihre Ängste vor dieser momentanen erinnerten Schulsituation. So haben Sie als Kind mit dem Erwachsenen zusammen ein „Geheimnis" und fühlen sich dadurch gestärkt. Ebenso gäbe es in dieser Situation z.B. auch die Möglichkeit, dass Sie in Absprache mit Ihrem inneren Kind aus der Rolle des Erwachsenen heraus einmal mit dem Lehrer ein Gespräch unter vier Augen führen (alles in der Imagination) und ihm einmal – möglichst diplomatisch – klarmachen, dass er so nicht mit Schülern umgehen kann. Das Kind in Ihnen wird sich sehr gestärkt fühlen, wenn es spürt, dass da jemand für es einsteht und sich gut um es kümmert. Anschließend können Sie sich dann die daraufhin folgende Schulstunde vorstellen. Meistens verhält sich der Lehrer jetzt anders und achtet das Kind besser, was Ihnen in der Rolle des Kindes gut tun wird und die früher erlebte Situation entschärft.

Das Kind in Ihnen holt hier also verschiedene Bedürfnisse nach, wie „in einer solchen Situation nicht mehr allein sein", „sich unterstützt fühlen oder geborgen fühlen". Ergebnis davon ist, dass sich das Kind in Ihnen entspannen kann und sich gut fühlt.

Ein anderes Beispiel wäre, dass in Ihren inneren Vorstellungsbildern eine Situation auftaucht, wie Sie z.B. als fünfjähriges Kind abends von den Eltern allein in der Wohnung gelassen wurden, weil die Eltern tanzen gehen wollten. Diese warteten, bis Sie als Kind eingeschlafen waren, kamen aber nicht auf die Idee, dass Sie später wieder aufwachen könnten. Dies ist dann unter Umständen passiert und Sie spüren noch heute die Nachwirkungen des Schocks. Sie haben sich damals vielleicht aus Angst vor dem Allein-gelassen-Sein die Seele aus dem Leib geschrien und sind in Panik geraten – und das vielleicht über mehrere Stunden. (Nebenbei bemerkt unterschätzen Eltern leider die fatalen Wirkungen von solchen Handlungsweisen. Es ist dringend davon abzuraten, Kinder allein zu lassen! Das kann zu verheerenden Angstzuständen führen, die diese oft bis ins Erwachsenenalter mit hineinnehmen.)

Bei der Arbeit mit dem inneren Kind gesellen Sie sich als erwachsene Person zu Ihren inneren Kind, können es beruhigen, in den Arm nehmen, wenn das Kind in Ihnen das zulassen kann, und ihm z.B. sagen, dass Sie jetzt so lange bei ihm bleiben, bis die Eltern wieder da sind. Vielleicht spielen Sie dann als Erwachsener noch etwas mit dem Kind oder lesen ihm etwas vor, bis es wieder müde wird und in Ihrer Anwesenheit einschläft. Damit lösen Sie Gefühle von Sich-allein-gelassen-Fühlen wieder auf, die Sie vielleicht aus „unerfindlichen" Gründen bisher auch als Erwachsener gespürt haben.

Kapitel 6

Die Wirkung der Arbeit mit dem inneren Kind

Die starke positive Wirkung der Arbeit mit Ihrem inneren Kind kann folgendermaßen erklärt werden:

Das, was Sie früher erlebt haben – egal, was es war – ist heute nur noch eine Erinnerung. Wenn Sie sich jetzt in Ihren Gedanken eine Situation von damals noch einmal vorstellen und diese, wenn sie negativ war, nun als erwachsener Mensch zusammen mit dem Kind, das Sie damals waren, positiv verändern, ist dieser Vorgang einige Minuten nach dieser Arbeit auch wieder nur eine Erinnerung.

Das bedeutet, dass sich die „neue" Erinnerung auf die „alte" Erinnerung legt. Das wiederum bewirkt, dass Sie sich natürlich an diese alte Situation wieder erinnern können. Verändert haben sich allerdings die Gefühle, die Sie jetzt während des Erinners erleben. Sie haben die Bauchschmerzen, den Kloß im Hals, die aufkommenden Ängste, die früher aufgetaucht sind, wenn Sie an diese Situation gedacht haben, verloren. *Ihr Gefühl hat sich neutralisiert!*

Auf diese Weise werden Stück für Stück erinnerte schwierige Situationen aufgelöst und durch positive Erlebnisse ersetzt. Dadurch entsteht Heilung, *„Entschärfung"* der damaligen Situation bis hin zur *Neutralisierung.*

Häufig haben negative Erlebnisse aus der Kindheit zur Folge, dass sich daraus Blockierungen entwickeln, die uns z.B. später als Erwachsene in bestimmten Situationen handlungsunfähig machen. Wenn die alte Situation durch die Arbeit mit dem inneren Kind *„deblockiert"* und das Gefühl zur alten Situation *neutralisiert* ist, ist der Mensch wie befreit und kann handeln.

Entsprechend wird mit dieser Arbeit eine Blockade nach der anderen aufgelöst und man wird dadurch zunehmend freier.

7 Kapitel

Mindestdauer der Arbeit mit dem inneren Kind

Um erste gute Erfolge dieser Arbeit feststellen zu können, sind mindestens drei Wochen notwendig, in denen Sie sich täglich zehn bis 30 Minuten Ihrem inneren Kind widmen. Diese intensive Zeit hat sich als wirksam gezeigt. Es liegt wahrscheinlich daran, dass das Kind in Ihnen als Kind reagiert, d.h. ein Kind kann sich den Zeitraum von einem Tag zum nächsten noch vorstellen. Aber wenn Sie einem Kind sagen: „Ich komme in ein oder zwei Wochen wieder vorbei", dann ist das für ein Kind meistens eine uneinschätzbar lange Zeit. Das Kind in Ihnen braucht so etwas wie Vertrauen, dass Sie sich wirklich intensiv ihm zuwenden und es nie wieder allein lassen. Wenn das innere Kind das einmal drei Wochen lang jeden Tag erlebt hat, konnte es schon viel Vertrauen entwickeln. Nach dieser intensiven Zeit, in der Sie täglich Kontakt mit Ihrem inneren Kind aufgenommen haben, genügt es, wenn Sie ab und zu nach ihm Kind sehen, denn der Kontakt und das Vertrauen sind in dem Zeitraum von drei Wochen meist gut hergestellt. Und das ist letztendlich das Ziel der Arbeit: dass das Kind mit dem Erwachsenen in Ihnen einen guten Kontakt hat und Ihnen *vertrauen* kann. Wenn das der Fall ist, sind Sie im wahrsten Sinne des Wortes „beziehungsfähig" geworden, d.h. Sie spüren sich selbst, können mit sich selbst gut umgehen und können auch Beziehungen zu anderen Menschen gut herstellen.

Überprüfen Sie einmal, wie viel Vertrauen Sie in die Menschheit haben und wie oft dieses schon zerstört worden ist. Wie oft wurde Ihnen früher etwas versprochen, das nie gehalten wurde? Wie oft versprechen Sie Ihren eigenen Kindern etwas, das Sie vielleicht auch nicht einhalten? Jedem von uns passiert das. Wenn Sie sich aber mit der Arbeit mit dem inneren Kind vertraut gemacht haben, spüren Sie aus der Rolle des Kindes heraus, wie tragisch diese ständigen Vertrauensbrüche erlebt werden. Und hier ist gleich ein Hinweis ganz wichtig: Wenn Sie drei Wochen lang täglich vorhaben, mit Ihrem inneren Kind zu arbeiten, kann es durchaus sein, dass es dabei Tage gibt, an denen Sie, aus welchen Gründen auch immer, wirklich keine zehn Minuten dafür aufbringen können. Dann reicht es aus, wenn Sie in Gedanken zu Ihrem Kind sagen, dass Sie es nicht vergessen haben, aber dass die Zeit heute einfach nicht reicht. Wichtig ist jedoch, dass Sie dem Kind versprechen, dass Sie morgen „wiederkommen" (in Gedanken), und dass Sie diesen *Termin dringend einhalten! Nur so kann Ihr inneres Kind zu Ihnen als erwachsenem Menschen mit der Zeit das Vertrauen entwickeln, das es bis heute oft zu niemandem hat.* Die nicht eingehaltenen Versprechen von früher waren meist ein solcher Dauerbrenner, dass das Vertrauen buchstäblich verbrannt ist! Dieses gilt es jetzt – oft in geduldiger Kleinarbeit – wieder aufzubauen.

Kapitel 8

Allgemeine Vorgehensweise

Es ist wichtig, dass Sie für die Arbeit mit dem inneren Kind vor allem in den ersten Wochen einen ruhigen Ort aufsuchen, an dem Sie sich anfangs möglichst ein kleines bisschen entspannen. Dabei ist es nicht wesentlich, ob Sie nun das autogene Training beherrschen oder mit einer anderen Methode an die Entspannung herangehen. Wichtig ist lediglich, dass Sie bequem sitzen oder liegen – wobei das Liegen für diese Arbeit förderlicher ist. Es ist auch sehr gut, wenn Sie Außengeräusche abschalten können (wie z.B. das Telefon leise stellen), damit Sie genau wissen, dass Sie jetzt mindestens zehn Minuten Zeit haben, um sich in Ruhe mit Ihrem inneren Kind zu beschäftigen. Um sich die Entspannung zu vereinfachen, können Sie sich, wenn Sie möchten, z.B. folgenden Text auf Tonband sprechen und ihn zu Beginn der Arbeit mit Ihrem inneren Kind abhören:

Entspannungstext

Wenn Sie sich den folgenden Text leise durchlesen, wundern Sie sich bitte nicht über sprachlich nicht ganz „astreine“ (im Sinnes des Dudens) Passagen. Wenn Sie den Text mit ruhiger Stimme laut lesen, werden Sie bemerken, dass durch die Wortfolge ein ganz bestimmter Atemrhythmus entsteht, der Sie sehr schön in die Entspannung hineinschwingt.

Stell dir vor, dass ein angenehmes Schweregefühl in deinen Körper einströmt,
von deinen Schultern ausgehend zu den Oberarmen,
zu den Unterarmen
bis in die Hände hinein, bis in die Fingerspitzen hinein,
ein angenehmes Schweregefühl einströmen lassen.
Und lass dieses angenehme Schweregefühl durch deinen ganzen Körper durchströmen,
zu den Oberschenkeln,

zu den Unterschenkeln
bis in die Füße hinein, bis in die Zehen hinein
ein angenehmes Schweregefühl einströmen lassen.
Stell dir einfach vor, dass dein Körper ganz angenehm ruhig, schwer und entspannt daliegt.
Lass dieses Schweregefühl noch einmal wie eine angenehme schwere Welle durch deinen ganzen Körper
bis zu den Zehenspitzen durchströmen.
Und nun stell dir vor, dass ein angenehmes Wärmegefühl
in deinen Körper einströmt,
auch wieder von deinen Schultern ausgehend
zu den Oberarmen
bis in deine Hände hinein,
bis in die Fingerspitzen hinein,
ein angenehmes Wärmegefühl einströmen lassen.
Und dieses Wärmegefühl ebenso durch deinen ganzen Körper durchströmen lassen,
zu den Oberschenkeln,
zu den Unterschenkeln
bis in die Füße hinein, bis in die Zehen hinein
ein angenehmes Wärmegefühl einströmen lassen.
Stell dir einfach vor, dass dein Körper ganz angenehm
ruhig, warm und entspannt daliegt
und lass dieses Wärmegefühl noch einmal wie eine
angenehme warme Welle durch deinen ganzen Körper
durchströmen bis zu den Zehenspitzen.
Dann entspann dich weiter und lass dich immer
tiefer und tiefer in diesen
schönen Entspannungszustand hineinsinken.
Und genieße ihn erst mal ein bisschen.
Anschließend versuch dir das Kind vorzustellen,
das du einmal warst …

Wenn Sie sich etwas entspannt haben, versuchen Sie sich dann möglichst mit geschlossenen Augen sich selbst als Kind vorzustellen. Dabei ist es vollkommen egal, in welchem Alter Sie sich sich vorstellen. Am besten ist es, wenn Sie ein Bild entstehen lassen, d.h., Sie schauen, in welchem Alter und in welcher Situation das Kind oder z.B. auch der jugendliche Mensch, der Sie damals waren, vor Ihrem geistigen Auge auftaucht. Für manche Menschen ist es wichtig, dabei das Wort „Fantasie" zu benützen. Lassen Sie Ihre Fantasie walten und schauen Sie einfach, was Ihnen zu sich selbst als Kind einfällt. Wenn Sie damit Schwierigkeiten haben sollten, d.h., innerhalb von zwei bis drei Minuten sich keine entsprechende Vorstellung einstellt, dann ist es sinnvoll, sich ein bestimmtes Lebensalter vorzunehmen, z.B. als siebenjähriges Kind. Was fällt mir an Erinnerungen zu der Zeit ein, als ich sieben Jahre alt war? An welchem Ort habe ich gewohnt? Wie war meine damalige Lebenssituation (Schule, Elternhaus usw.). Bleiben Sie dann einfach bei einem dieser Erinnerungsbilder stehen und betrachten Sie sich dort als Kind.

Denken Sie daran, dass alle Situationen wichtig sind, die Ihnen bei dieser Arbeit von früher einfallen: die besonders positiven ebenso wie die „neutralen" oder die schwierigen.

Es ist nicht wichtig, dass jedesmal irgendeine dramatische Situation in Ihre Erinnerung kommt, die Sie als Kind erlebt haben. Wichtig ist lediglich, dass Sie sich sich selbst als Kind oder Jugendliche(n) vorstellen können – in welcher Situation auch immer. Gerade bei den ersten auftauchenden Bildern ist oft eine ganz normale Situation zu beobachten. Sie erleben sich z.B. als Kind im Sandkasten, bei irgendeiner Feier, im Garten der Großmutter oder wie auch immer. Auffallend ist, dass diese Anfangsbilder sehr oft so sind, dass es dem Kind, das Sie damals waren, eigentlich ganz gut geht. Dies hat wiederum den Vorteil, dass Sie als erwachsene Person gerade dann zu diesem Kind oft einen viel leichteren Zugang bekommen können, als wenn Sie gleich zu Beginn irgendwelche dramatischen Situationen vor sich haben. Denn Sie müssen immer bedenken, dass das Kind, das Sie einmal waren, in diesen Bildern Sie als die erwachsene Person von heute möglicherweise noch gar nicht kennt. Es geht nun darum, dass Sie als erwachsene Person von heute zu dem Kind von damals in der damaligen Situation Kontakt aufnehmen.

Versuchen Sie sich als Erstes vorzustellen, wie Sie sich als Kind sehen. Dazu sind die anschließenden sieben Regeln notwendig.

Die sieben W's

1. Wo sehen Sie sich als Kind?

Schauen Sie sich genau die Umgebung, den Ort an, an dem Sie sich als Kind in Ihrer Vorstellung sehen können. Dabei ist es nicht wichtig, dass dies ein Ort ist, den Sie kennen. Es kann durchaus ein Ort sein, den Sie noch nie gesehen haben, in dem sich das Kind, das Sie einmal waren, in Ihrer inneren Vorstellung gerade aufhält. Denken Sie bei all Ihren Vorstellungen bitte immer daran, dass es dabei weder eine „gute" noch eine „schlechte" Vorstellung gibt. Alles was Sie gedanklich hervorbringen, ist in Ordnung! Ebenso gibt es keine „richtigen" und keine „falschen" Bilder.

2. Wie alt sind Sie als Kind in Ihrem Bild?

Es geht bei dieser Frage nur um eine ungefähre Angabe, d.h., es ist sehr wichtig zu sehen, ob Sie als Kind zwei, fünf oder vielleicht sieben Jahre alt sind.

3. Was haben Sie als Kind an?

Schauen Sie sich das so genau wie möglich an. Schauen Sie sich auch die Farben der Kleidung und die Schuhe an, die Sie als Kind anhaben, und versuchen Sie so genau wie möglich ins Detail zu gehen. Seien Sie aber versichert, dass es nicht wichtig ist, wenn diese Details nirgends in Ihrem inneren Bild sichtbar sind, wenn Sie sich diese also nicht vorstellen können. Es ist nur eine Möglichkeit, intensiver in die Bilder hineinzukommen. Sie werden sehen, im Laufe der Zeit wird es Ihnen immer besser gelingen. Machen Sie sich selbst keinen Stress, denn es gibt nichts Richtiges, nichts Falsches! Wichtig ist lediglich, dass Sie beginnen, geduldig Kontakt zu Ihrem inneren Kind aufzubauen.

4. Was tun Sie als Kind gerade?

Beobachten Sie sich als Kind eine Weile. Sind Sie als Kind ganz still, sind Sie in Bewegung, sind sie allein, spielen Sie z.B. mit anderen Kindern?

5. Wie fühlen Sie sich als Kind gerade?

Wie geht es Ihnen als Kind? Dazu ist es gut, wenn Sie einen Rollenwechsel mit dem Kind, das Sie einmal waren, vornehmen, d.h., gehen Sie in Ihrer Vorstellung ganz bewusst in diesen kleinen Körper des Kindes, den Sie gerade in Ihren Bildern gesehen haben, hinein und halten Sie sich dort auf. Tun Sie genau das, was dieses Kind in Ihrer Fantasie tut, beispielsweise im Sandkasten spielen. Und nun achten Sie bitte darauf, wie Sie sich als Kind in dieser Situation fühlen. Es kann sein, dass es Ihnen dabei gut geht. Es kann auch sein, dass Sie sich sehr einsam fühlen oder Sie ein Gefühl haben, das Sie vielleicht im Moment noch gar nicht beschreiben können und das vielleicht erst später intensiver wird.

6. Wie ist das Wetter gerade in dieser Situation?

Schauen Sie sich das Wetter an. Ist es in diesem Bild hell? Scheint die Sonne? Regnet es? Ist es dunkel oder Nacht? Sie werden mit der Zeit spüren, dass die Wetterlage häufig einen Rückschluss auf die momentane Gefühlslage des Kindes geben kann. Das kann heißen: Wenn es in diesem Bild gerade regnet, könnte es sein, dass Sie sich als Kind traurig fühlen. Wenn die Sonne scheint ist die Wahrscheinlichkeit groß, dass es Ihnen in diesem Bild gerade gut geht.

7. Welche Jahreszeit ist im Moment?

Auch diese Frage kann möglicherweise einen Rückschluss auf Ihre momentane Gefühlslage als Kind geben – vor allem dann, wenn es sich bei diesem inneren Bild nicht um ein ganz konkretes Erinnerungsbild handelt. Wenn Sie z.B. das Kind im Winter bei Schnee und Eis sehen, könnte es sein, dass Sie als Kind im Moment an Ihre Gefühle noch nicht so recht herangehen möchten – es liegt im übertragenen Sinne noch ein bisschen „Schnee" darüber. Wenn es gerade Frühling oder Sommer ist, ist die Wahrscheinlichkeit groß, dass Sie sich als Kind wohl fühlen. Wenn am Laub der Bäume der Herbst zu erkennen ist, dann ist die Wahrscheinlichkeit groß, dass das Kind vielleicht ein bisschen gedrückter Stimmung ist.

Aber sowohl die Jahreszeit als auch das Wetter, das sich bei diesen Bildern einstellt, kann genauso gut einfach die reale Situation widerspiegeln, die Sie damals als

Kind erlebt haben, und muss mit dem inneren Zustand des Kindes nicht unbedingt etwas zu tun haben.

Nehmen Sie alle sieben hier beschriebenen W-*Fragen* als Hinweise und Hilfen, die Sie nach und nach selbst immer besser zu deuten wissen.

Nun geht es darum, dass Sie wieder in die Rolle des Erwachsenen zurückgehen und als Erwachsener dieses Kind beobachten. Versuchen Sie langsam und vorsichtig, mit diesem Kind in Kontakt zu treten. Das Beispiel einer Klientin soll Ihnen solch einen „Erstkontakt" veranschaulichen.

Beispiel Barbara (46 Jahre)

Erst entspanne ich mich. Dann stelle ich mir mich als Kind vor. Zuerst tauchen unterschiedliche Bilder wie Blitze vor meinem inneren Auge auf und ziehen in schnellem Tempo vorüber. Ich habe das Gefühl, keines davon greifen zu können. Es gelingt mir erst dann, ein Bild festzuhalten, als ich mir gedanklich sage: Es ist in Ordnung, dass es so viele sind. Entscheide dich für eins. Die anderen gehen dir nicht verloren. Wenn sie eine Wichtigkeit haben, werden sie sich wieder zeigen.

Ich sehe mich als Kind auf einem Sonntagsspaziergang zur Märchenwiese mit meinen Eltern, den zwei jüngeren Schwestern sowie zwei meiner drei Brüder. Die kleine Barbara ist fünf oder sechs Jahre alt. Sie hat Zöpfe und trägt ein selbst genähtes Kleid mit kurzen Puffärmeln, deren Gummiband kneift. Bei den Baumwollkniestrümpfen kneift das Gummiband ebenfalls. Ich bemerke es daran, dass das Kind die Kniestrümpfe hinunter geschoben hat und sich rote Streifen an den Waden abzeichnen. Die Spannung an den Ärmeln versucht die

Kleine dadurch auszugleichen, dass sie mit der Hand das Gummiband ab und zu anhebt.

Die Eltern sitzen an einem Gartentisch mit Getränken. Die Kinder vergnügen sich an den Spielgeräten.

Barbara rutscht mit einer kratzigen Matte die lange Rutschbahn hinunter.

Ich, die Erwachsene, stelle mich in die Nähe der Rutschbahn und schaue mir als Kind zu.

Im Gespräch zwischen mir als erwachsener Person und mir als Kind, werde ich folgende Abkürzungen verwenden:

B. als Erw. = Barbara als Erwachsene
B. als Kind = Barbara als Kind

B. als Erw.: „Hallo!“
Ich versuche aus meiner Erwachsenenrolle in die des Kindes zu schlüpfen. Es gelingt mir nicht. Ich bleibe in der Erwachsenenrolle.

B. als Kind reagiert nicht, sie sieht nicht einmal in die Richtung, aus der die Stimme kommt.

B. als Erw.: „Hallo kleine Barbara! Oder Bärbel?“

B. als Kind reagiert wieder nicht und läuft zu einer Schaukel, setzt sich auf das Sitzbrett und beginnt unter Anstrengung ihre Schaukel in Bewegung zu setzen.

B. als Erw., geh dem Kind nach und sprich es noch mal an: „Hallo!“
Ich versuche wiederum einen Rollenwechsel. Er kostet mich einige Konzentration, aber schließlich klappt er doch.

B. als Kind schaut kurz hin. Es ist ganz verwundert, von dieser fremden Frau angesprochen zu werden. Es denkt: „Wer ist das und warum spricht sie mich an“?
Ich schlüpfe wieder in die Rolle der Erwachsenen. Der Rollenwechsel gelingt mir schon besser.

B. als Erw.: „Hallo Kleine, darf ich dich anstoßen?"
Nun schlüpfe ich ohne große Anstrengung in die Rolle der Kleinen, es macht mir keine Mühe.
B. als Kind nickt, sagt aber nichts.
Der Rollenwechsel gelingt mir erstaunlich gut, er macht mir richtig Spaß. Es liegt eine Spannung in diesem Wechsel von der Erwachsenen zum Kind. Ich weiß in der jeweiligen Rolle nicht, was der andere als Nächstes sagen oder denken wird. Das gelingt mir nur richtig im Rollenwechsel.
B. als Erw. schubst das Kind auf der Schaukel an.

Rollenwechsel:

B. als Kind denkt: „Es ist schön, angeschubst zu werden. Oh, ist das schön. Ich kann allein nie so hoch, das ist zu schwer. Es ist nett von der Frau, dass sie mich anschubst."

Rollenwechsel:

B. als Erw.: „Ist es so gut oder ist es zu hoch?"
Da der Rollenwechsel problemlos klappt, werde ich im weiteren Verlauf nur noch bei Schwierigkeiten darauf eingehen.
B. als Kind: „Hm, ist gut so."
Nach einer kleinen Weile des Schaukelns sagt die Kleine recht leise: „Jetzt ist genug, ich will runter."
B. als Erw. hält die Schaukel an.
Die Kleine rutscht runter und schaut die Große an.
B. als Erw.: „Ich möchte dich gerne näher kennen lernen und für dich da sein."
B. als Kind: „Gehst du mal mit mir zu den Märchenhäuschen da am Wasser?"
B. als Erw.: „Ja, gerne geh ich mit dir dorthin."
Beide gehen zu den kleinen Häuschen, in denen unterschiedliche Märchenszenen dargestellt sind. Schwei-

gend stehen sie nebeneinander und schauen sich die Häuschen an.

B. als Erw.: „Ich würde dich gerne jeden Tag besuchen kommen und dich näher kennen lernen, würdest du mir das erlauben?"

B. als Kind: „Hm … kannst du ja, wenn du willst." Die Kleine sagt das aus einem Gefühlsgemisch aus Ungläubigkeit, Neugier und Großmütigkeit heraus. (Sie denkt: „Komisch, warum will sie mich kennen lernen? Erwachsene haben doch immer so viel zu tun. Hat sie denn so viel Zeit? Und was will sie denn von mir? Aber na ja, neugierig bin ich schon, sie scheint recht nett zu sein. Mal sehn.")

B. als Erw.: „Das freut mich, dann komme ich morgen wieder. Bis morgen, meine Kleine."

Am nächsten Tag mache ich weiter.

Ich mache wieder meine Entspannung mit dem Entspannungstext und stelle mich auf mich als Kind oder Jugendliche ein. Tatsächlich steigen wieder, wie gestern, blitzartig die unterschiedlichsten Bilder vor meinem inneren Auge auf. Ist ein Bild da, erscheint schon das nächste und ich habe das Gefühl, mich für keines entscheiden zu können. Zwischen all den Bildern schiebt sich immer wieder das Bild von gestern – von dem Besuch auf der Märchenwiese – vor mein inneres Auge.

Wieder bemerke ich, dass erst ein Bild stehen bleibt, als ich mir, genau wie gestern, die Erlaubnis gebe, so viele Bilder in mir aufsteigen zu lassen, wie da kommen wollen. Ich sage mir ganz bewusst: „Barbara, das Thema, das dran ist, wird sich zeigen und Raum nehmen, lass einfach alles geschehen."

Es erscheint die kleine Barbara auf dem Weg in die Schule. Sie ist sechs Jahre alt und sie geht allein. Barbara trägt ein braunkariertes Kleid, weiße Kniestrümpfe und braune Sandalen. Sie hat halblanges Haar und in ihrem viel zu großen braunen Ledertornister klappert die Tafel mit der Griffeldose um die Wette. Es ist ein Sommertag. Es ist zwar bewölkt, aber es regnet nicht.

Ich gehe eine Weile als die Erwachsene hinter meinem Kind her. Sie sieht richtig niedlich aus, wie sie da so mit wippendem Haar und dem klappernden Tornister ihren Weg geht. Der Tafellappen baumelt an der Seite des Tornisters an einer Kordel heraus.

Nach einer Weile verringere ich den Abstand zwischen uns in der Form, dass ich neben ihr gehe. Ich begrüße sie.

B. als Erw.: „Hallo Kleine."
Ich schlüpfe in die Rolle des Kindes, was mir erst beim dritten Versuch gelingt.

B. als Kind schielt kurz zur Seite, sagt aber nichts. Es denkt: „Ach, da ist die Frau von gestern ja wieder. Was macht die denn hier?"
Ich schlüpfe in die Erwachsene. Das gelingt mir recht problemlos.

B. als Erw.: „Du gehst, wie ich sehe, zur Schule."
Rollenwechsel gelingt schon besser. Ich konzentriere mich auf die Kleine und schlüpfe in das Kind mit meiner gesamten Vorstellungskraft.

B. als Kind reagiert wieder nicht verbal, denkt: „Ja, ich gehe zur Schule, aber ich fürchte mich immer vor dem Weg hier durch den Wald. Hoffentlich bleibt sie noch eine Weile bei mir, dann brauche ich nicht allein durch den Mühlenberg zu gehen." Sie blickt kurz hoch zu der Erwachsenen und lächelt.

Ich schlüpfe in die Erwachsene.

B. als Erw.: „Ich habe das Gefühl, du bist nicht so glücklich, weil du allein den Weg machen musst. Wenn du magst, würde ich dich gerne ein Stück begleiten."

Der Rollenwechsel in das Kind klappt sofort.

B. als Kind: „Kannste ja, wenn du willst."
Der Rollenwechsel klappt problemlos. Ich werde im weiteren Verlauf nur bei Schwierigkeiten im Rollentausch genauer Stellung nehmen. Ansonsten werde ich aus der jeweiligen Rolle heraus berichten.

B. als Erw. denkt: „So wie sie mir die Erlaubnis zum Mitgehen gibt, klingt es sehr großzügig und erhaben. Ihre Mimik und ihre Körperhaltung sagen mir allerdings etwas ganz anderes."

B. als Erw.: „Ich würde wirklich gerne mit dir ein Stück gehen, so haben wir vielleicht die Gelegenheit, uns etwas zu erzählen."

B. als Kind: „Hm … ich geh' auch nicht so gerne hier allein durch den Wald."

B. als Erw.: „Ich kann mir vorstellen, dass du nicht so gerne allein hier durch den Wald gehst. Ich würde es auch nicht so gerne haben, den Weg allein durch den Wald zu laufen. Ich glaube, ich würde mich etwas davor fürchten."

B. als Kind schaut mit einer gewissen Spannung und Neugier die Erwachsene an. Schließlich sagt sie: „Ich hab' immer Angst, wenn ich allein hier durch den Wald gehen muss. Ich denk' dann immer, dass einer hinter einem Baum steht und dass der dann hinter mir herkommt und dass der was von mir will."
Die Kleine scheint über ihre Mitteilungsbereitschaft selbst erstaunt zu sein. Auch ich bin von ihrer Offenheit erstaunt und berührt.

B. als Erw.: „Ich werde dich begleiten, damit du dich nicht fürchten musst. Wenn du möchtest, werde ich

kommen, wann immer du willst, und darauf aufpassen, dass du keine Angst mehr haben musst."
Die Kleine strahlt mich an.
B. als Erw.: „Wäre das in Ordnung, wenn ich dich jeden Tag besuchen und dich auf deinem Schulweg begleiten würde?"
B. als Kind: „Kannste ja, wenn du willst … hm … das wäre schön"
B. als Erw.: „Dann machen wir das so. Wir sind schon da. Ich wünsche dir einen guten Tag und komme wie versprochen morgen wieder."

Ich schiebe die Szene langsam weg.

Wenn Sie dann wie in diesem Beispiel versucht haben, einen Kontakt zu dem Kind herzustellen, das Sie einmal waren, und nach zehn oder 15 Minuten wieder aus diesem Bild herausgehen möchten, ist es sehr wichtig, dass Sie die Bilder, die Sie innerlich gesehen haben ganz bewusst wieder von sich wegschieben, wie einen Zug, der von Ihnen wegfährt, bis er ganz verschwunden ist. Das ist ganz wichtig, um mit Ihren Gedanken und Gefühlen in den Raum, in dem Sie sitzen oder liegen, bewusst wieder gut zurückzukommen. Atmen Sie dann bitte dreimal ganz tief durch und strecken Sie sich kräftig und räkeln Sie sich so, als würden Sie morgens aufwachen. Machen Sie dann bewusst Ihre Augen ganz auf. Diese *Abschlussphase* mit dem:

- Bilder wieder wegschieben,
- in den Raum gedanklich und gefühlsmäßig zurückkommen,
- dreimal tief durchatmen,
- sich strecken und räkeln,
- Augen bewusst und ganz öffnen

ist sehr wichtig, um aus dem Entspannungszustand, in den Sie durch das innere Vorstellen von Bildern mit sich und Ihrem inneren Kind gekommen sind, wieder herauszukommen. Unterschätzen Sie nicht, in welch tiefen Entspannungszustand Sie hineinkommen, allein dadurch, wie Sie sich Ihre Fantasien bzw. die inneren Bilder anschauen. Sie gehen ins Unterbewusstsein wie mit einer Rolltreppe, die nach unten fährt. Je intensiver und genauer Sie diese inneren Bilder betrachten, desto tiefer geht es in den Entspannungszustand hinein, auch wenn Sie dies von Ihrem Körpergefühl her meistens nicht besonders bemerken. Sie würden es aber mit Sicherheit bemerken, wenn Sie im Anschluss an eine solche Übung ohne diese wichtige Abschlussphase sofort wieder in ein Auto steigen und fahren würden. Sie würden dann sehr schnell merken, dass Ihre Konzentrationsfähigkeit zumindest verlangsamt ist. Bitte führen Sie deshalb immer diese letzte Abschlussphase nach der Arbeit mit Ihrem inneren Kind durch!

Etwas anderes ist es natürlich, wenn Sie diese Arbeit kurz vor dem Einschlafen im Bett liegend durchführen. Dabei kann es häufig passieren, dass Sie während der Vorstellung Ihrer inneren Bilder „wegschlafen". Dann ist zum einen das Zurücknehmen der Bilder natürlich nicht notwendig, denn die Bilder gehen automatisch in den nächsten Traum über. Und zum anderen sollten Sie es auch nicht als negativ bewerten, wenn Sie dabei einschlafen, denn es geht in erster Linie darum, dass dem inneren Kind immer deutlicher wird, dass der Erwachsene sich bewusst um es bemüht. Da kann es dann schon vorkommen, dass der Erwachsene bei diesem Bemühen von seinen Tagträumen auch in die Nachtträume hinüberwandelt.

Rollenwechsel

Der Rollenwechsel von unserer Rolle des Erwachsenen, der wir heute sind, in die Rolle des Kindes, das wir einmal waren – und umgekehrt –, ist das wichtigste „Instrument" bei der Arbeit mit dem inneren Kind.

Um in diese Arbeit besser hineinzukommen, ist es sehr wichtig, innerhalb von zehn Minuten mindestens sechs- bis zehnmal einen Rollenwechsel mit Ihrem inneren Kind vorgenommen zu haben und auch immer wieder zurück in die Rolle des Erwachsenen gegangen zu sein. In dem eben genannten Beispiel von Barbara können Sie genau erkennen, wie das funktioniert.

Rollenwechsel bedeutet, dass Sie ganz bewusst aus der Situation des Erwachsenen in die Rolle des Kindes wechseln. Stellen Sie sich vor, in die Körpergröße des Kindes zu gelangen, wenn es z.B. fünf Jahre alt ist, einfach in diese kleine Körpergröße in Gedanken hineinzugehen, sich in diesem kleinen Körper zu fühlen, zu empfinden und zu schauen, was Sie als dieses kleine Kind z.B. anhaben und natürlich vor allem, wie Sie sich im Moment als Kind fühlen. Betrachten Sie auch die Perspektive zu Ihrer Umgebung aus dieser kleinen Körpergröße eines fünfjährigen Kindes heraus.

Ferner ist sehr wichtig zu prüfen: Wie geht es mir als Kind mit diesem Erwachsenen, der hier in der Situation, in der ich mich gerade befinde, mit mir Kontakt aufnehmen möchte? Wie finde ich diesen Erwachsenen, was möchte ich von ihm? Es ist wichtig, sich diese Fragen in der Rolle des Kindes intensiv zu stellen. Denn es passiert häufig, dass Sie in der Rolle des Kindes merken, dass Sie als Kind noch sehr ängstlich dieser erwachsenen Person gegenüber sind und z.B. eine allzu „heftige" Zuwendung, die der Erwachsene dem Kind vielleicht gerne geben möchte, noch gar nicht haben wollen, weil Sie als Kind noch viel zu misstrauisch diesem Erwachsenen gegenüber sind. Es ist also unendlich wichtig, aus der Rolle des

Erwachsenen heraus z.B. sehr viel Geduld für dieses Kind aufzubringen. Wenn Sie in der Rolle des Kindes entsprechende Antworten, z.B. in Form von Gefühlszuständen, bekommen haben, wie es Ihnen mit dem Erwachsenen geht (Sie werden sich wundern, wie schnell und intensiv diese „Antworten“ in Ihnen auftauchen), dann ist es gut, aus der Rolle des Kindes wieder herauszugehen und in die Rolle des Erwachsenen – des Großen – hineinzuschlüpfen. Wechseln Sie also bewusst die Rolle, gehen Sie in Ihrem Bild wieder bewusst aus der Rolle des Kindes heraus und in Ihre Rolle des Erwachsenen hinein. Empfinden Sie Ihre Körpergröße, empfinden Sie den Ort, an dem Sie in diesem Moment stehen und schauen Sie sich dieses Kind an. Nehmen Sie jetzt einfach das Wissen, das Ihnen dieses Kind vorher gerade vermittelt hat, nämlich was es von Ihnen haben will oder auch nicht, in Ihre Entscheidungen darüber mit hinein, was Sie mit dem Kind nun tun bzw. wie Sie sich dem Kind gegenüber verhalten wollen. Auch hier ist natürlich wichtig zu prüfen, wie es Ihnen als Erwachsenem mit diesem Kind geht. Hier passiert es z.B. auch häufig, dass Sie als Erwachsener enttäuscht sind, weil das Kind sich nicht so dankbar und liebevoll Ihnen als Erwachsenem zuwendet, wie Sie das eigentlich möchten. Das sollten Sie nicht negativ bewerten. Es ist lediglich ein Ausdruck dafür, wie viel dem Kind, das Sie selbst einmal waren, gefehlt hat, damit es überhaupt eine Art liebevollen Ausdrucks entwickeln hätte können.

Kinder, die liebevoll und auch liebevoll streng erzogen wurden, werden Sie immer als im Grunde recht liebevolle, aufgeweckte Kinder erleben. Kinder können Erwachsenen viel Liebe geben und haben sehr häufig auch dieses Bedürfnis. Wichtig ist nur, dass die Eltern dieses Geschenk zulassen und annehmen und dass sie selbst dem Kind vermitteln, was Liebe ist.

Also denken Sie daran, diesen Rollenwechsel bewusst immer wieder vorzunehmen vor allem dann, wenn Sie z.B. das Gefühl haben irgendetwas stockt in der Situation, irgendetwas geht nicht weiter, oder Sie sind sich irgendwie im Unklaren. Aber auch sonst ist es immer wieder gut, diesen Rollenwechsel zu machen. Denken Sie auch immer daran, wenn Sie in der Rolle des Kindes sind, dass Sie sich ebenso diese erwachsene Person genauer anschauen – auch die Mimik, Gestik usw. –, soweit es eben in Ihren inneren Vorstellungen möglich ist. Aber überfordern Sie sich nicht mit Details, die Sie meinen „sehen" zu müssen. Darum geht es nicht. Es geht in erster Linie darum, dass Sie dem Kind die Bedürfnisse, die es hat, soweit diese eine realistische und gute Basis haben, erfüllen. Es kann natürlich sein, dass Ihr Kind Dinge möchte, die Sie als erwachsener Mensch einem Kind niemals erlauben würden. Dann sollten Sie das auch Ihrem inneren Kind gegenüber nicht tun. Denn vielleicht ist genau das die Herausforderung, die Ihr Kind an Sie stellt, nämlich, dass Sie diesem Kind Grenzen setzen und ihm auch einmal etwas verbieten, das es möchte. Also prüfen Sie seine Forderungen sehr genau. In meiner Praxis muss ich feststellen, dass solche Situationen relativ selten vorkommen, dass die inneren Kinder sich etwas wünschen, das man ihnen eigentlich gar nicht gewähren sollte. Aber man muss als Erwachsener immer daran denken, dass dies auch vorkommen kann. Denn Kinder haben ihre Schwierigkeiten nicht nur häufig damit erlebt, dass sie sich zurückgezogen haben, weil sie z.B. zu viel allein gelassen wurden (und dann später oft in schwere Depressionen fallen, weil sie mit dem Leben nicht zurechtkommen), sondern auch oft dadurch, dass sie aggressiv, störrisch, unleidig waren, um noch mehr oder überhaupt irgendwelche Bedürfnisse erfüllt zu bekommen – nach dem Motto: lieber geschimpft werden als gar keine Zuwendung bekommen! Hier gilt es auch genau zu schauen, welches Bedürfnis dieses Kind wirklich erfüllt haben muss, um z.B. von seinem Trotz wegzukommen. Manchmal brauchen solche Kinder genau das

Gegenteil von dem, was man eigentlich annehmen würde, nämlich z.B. in den Arm genommen zu werden, anstatt große Strafpredigten zu bekommen. Jede Form von aggressivem Verhalten, etwa Trotz, Wut oder sonstige negative Äußerungen eines Kindes sind letztlich immer Ausdruck dafür, dass dieses Kind in dem, was es wirklich braucht, „unterversorgt" ist. Dies kann echte liebevolle Zuwendung sein oder aber liebevolle Strenge.

Wenn Sie sich nun das Kind, das Sie einmal waren, in Ihrer Fantasie vorgestellt haben, dann beobachten Sie dieses Kind einfach eine gewisse Zeit, machen Sie einen Rollenwechsel wie bereits erläutert, um ein bisschen nachzufühlen, wie es dem Kind geht, und gehen Sie dann ganz bewusst in die Rolle des Erwachsenen zurück. Nun gehen Sie vor allem davon aus, dass Sie mit großer Wahrscheinlichkeit ein fremder Mensch für dieses Kind sind – und dies vielleicht in den ersten Tagen, an denen Sie mit diesem inneren Kind arbeiten, auch immer noch sein werden. Wenn Sie dieses Kind im Sandkasten spielen sehen, z.B. im Alter von vier Jahren, dann gehen Sie jetzt einfach als Erwachsener in dieses Bild von damals mit hinein – ganz egal, was in der Realität in dieser Situation wirklich geschehen sein mag – und versuchen Sie, mit diesem Kind in Kontakt zu treten. Denken Sie dabei immer daran, dass Sie diesem Kind – meistens – sehr viel Geduld entgegenbringen müssen, dass es sehr oft schon vieles erlebt hat, das ihm das Vertrauen zu den Erwachsenen genommen hat. Es geht also im weitesten Sinne darum, dass Sie eine Vertrauenssituation für dieses Kind ganz langsam und oft mit viel Mühe, Geduld, Hingabe und Einsatz aufbauen. Das ist der wichtigste Schritt in den ersten drei Wochen täglicher Arbeit mit Ihrem inneren Kind: *Kontakt herzustellen.* Es ist der wichtigste und oft auch der schwierigste Schritt bei der Arbeit mit Ihrem inneren Kind. Wenn es Ihnen gelungen ist – oft in mühsamer „Kleinarbeit" –, diesen Kontakt herzustellen, können Sie sich mit Recht lobend auf die Schulter klopfen. Dabei ist, wie gesagt, oft überhaupt nicht wichtig, dass in diesen inneren Vorstellungsbildern viel „passiert". Viel wichtiger ist, dass Sie als erwachsener Mensch einfach mal nur in der Ferne anwesend sind und dass das Kind Sie bemerkt. Oft ist ein Gespräch mit dem Kind in den Anfangsbildern noch gar nicht möglich und vielleicht auch gar nicht wichtig. Sie könnten z.B. selbst als Erwachsener einfach anfangen, im Sandkasten ein bisschen mitzuspielen, wenn Sie das Kind gerade im Sandkasten erleben. Aber bitte glauben Sie nicht, mit dem Kind sofort spielen zu müssen. Das wäre schon wieder ein Schritt, der manchmal viel zu weit geht. Die Devise sollte lauten:

Ganz langsam in kleinen Schritten auf dieses Kind zugehen und mit ihm Kontakt aufnehmen.

Wichtig ist, wenn Sie sich diesem Kind dann z.B. zehn Minuten lang in irgendeiner Weise zugewendet haben, auch wenn Sie es nur beobachtet haben, dass Sie es z.B. fragen, ob es einverstanden damit ist, dass Sie es nun täglich besuchen und sich vielleicht ein bisschen um es kümmern. Ich habe in den verschiedenen Bildern, die ich mit meinen Klienten bisher erlebt habe, eigentlich so gut wie nie ein Kind erlebt, das gesagt hat, dass es den Erwachsenen überhaupt nicht mehr sehen möchte. Selbst wenn es das gesagt hat, hat es beim Rollenwechsel in die Rolle des inneren Kindes eigentlich immer gedanklich mitgeteilt, dass es dem Erwachsenen z.B. nicht glaubt, dass er wiederkommt, aber dass es vielleicht doch ganz schön wäre, wenn er wieder auftauchen würde.

Wichtig ist, dass Sie als Erwachsener nicht zu viel Begeisterung von diesem Kind erwarten, denn Sie müssen immer davon ausgehen, dass dieses Kind noch nicht genügend Vertrauen hat und dass es eher merkwürdig für dieses Kind ist, wenn sich nun plötzlich ein Erwachsener regelmäßig um es kümmern möchte, was dieses Kind bisher in seinem Leben vielleicht noch nie erlebt hat.

Und denken Sie daran, dass es immer die Möglichkeit gibt, den inneren „*Film*", den Sie dabei sehen, anzuhalten, „*zurückzuspulen*" und noch mal von vorne anzufangen. Dies ist immer dann günstig, wenn Sie an der Reaktion des Kindes sehen, dass Sie in der Rolle des Erwachsenen vielleicht noch einmal eine andere Art und Weise ausprobieren sollten, wie Sie mit dem Kind umgehen. Machen Sie sich immer wieder auch alle Gedanken, die Sie sich als Kind machen, bei Ihrer Handlung aus der Erwachsenenrolle heraus zunutze. Wenn Sie aus der Rolle des Kindes „denken", dass Sie eigentlich noch Angst vor dem Erwachsenen haben, dann schauen Sie, dass Sie diese Information in Ihre anschließende Handlung aus der Rolle des Erwachsenen heraus miteinbeziehen.

Wichtige Regeln, die als Erwachsener zu beachten sind

Manches davon habe ich bereits ausgeführt. Nehmen Sie es als wichtige Wiederholung, worauf Sie Acht geben müssen, damit es sich ganz tief in Sie einprägt. Außerdem kommen hier noch verschiedene andere Regeln hinzu.

Bedenken Sie, dass Sie für dieses Kind anfangs meistens eine fremde Person sind. Das heißt, dass Sie sich bei der Art, wie Sie Kontakt mit dem Kind aufnehmen, als Erwachsener vorstellen sollten, dass dieses Kind Sie wahrscheinlich noch nicht kennt. Es wird Ihnen viel leichter gelingen, zu diesem Kind, das Sie einmal waren, Kontakt aufzunehmen, wenn Sie sich diesem Kind wie einem fremden Kind gegenüber verhalten. Wenn Sie sich Ihrem inneren Kind gegenüber so verhalten, wie Sie sich Ihren eigenen Kindern gegenüber verhalten, reagiert Ihr inneres Kind darauf vielleicht anders als Ihre eigenen Kinder, denn es hatte ja andere Eltern!

Seien Sie vor allem geduldig. Hier wird eine Geduld von Ihnen gefordert, die häufig weit über das Maß hinausgeht, das Sie normalerweise für ein Kind aufbringen würden. Bedenken Sie aber, dass Sie ja diesem kindlichen Anteil in sich helfen wollen, dass Sie heilend wirken wollen. Gerade deshalb ist es so notwendig, sehr viel Geduld und auch Mut zu haben, mit diesem Kind umzugehen. Denn es kann sich durchaus auch sehr schwierig Ihnen gegenüber verhalten – was aus der Lebensgeschichte von Ihnen als Kind sicherlich erklärbar ist.

Ich möchte Ihnen ein Beispiel geben. Ich hatte einen Klienten, der mit dem kleinen Kind, das er einmal war, über ein halbes Jahr jeden Tag in Kontakt getreten ist, bis dieser Junge endlich bereit war, mit ihm als Erwachsenem zu „reden“. Bis dahin war zwischen dem Erwachsenen und dem Kind ein halbes Jahr lang lediglich ein nonverbaler Kontakt möglich. D.h., der Klient hat mit diesem kleinen Buben einiges unternommen – ist z.B. auf Berge gestiegen, auf Bäume geklettert, hat Fußball gespielt usw – und niemals hat der Junge mit ihm gesprochen. Aber er hat ihm zumindest nonverbal vermittelt, dass es ihm offensichtlich durchaus angenehm ist, dass er als Erwachsener bei ihm ist. Auffallend war, dass das Hauptproblem, das der Klient ursprünglich hatte, in einer starken Arbeitsstörung bestand, die ihn daran hinderte, seine alltäglichen Arbeiten (eigene Firma) zu verrichten. Erst ab dem Zeitpunkt, als der kleine Junge, der er einmal war, mit ihm als erwachsener Person angefangen hatte zu sprechen, waren schlagartig alle Arbeitsprobleme beseitigt. Hier ist also ein ganz starker Heilungsprozess entstanden, und zwar nur durch die Geduld, die dieser Mann für den „schweigenden“ Buben ein halbes Jahr lang aufbrachte. Und die Heilung war enorm. Der Klient konnte alles in zwei Monaten nacharbeiten, das nun ein dreiviertel Jahr brach gelegen war, konnte damit seine Firma retten und hat nie wieder

Probleme in dieser Richtung bekommen. Festzustellen ist dabei allerdings, dass dieser Mann sich nach wie vor immer wieder um den kleinen Jungen in sich kümmert (auch nach Jahren noch), d.h., sich immer wieder einmal diesem Kind zuwendet.

Hier möchte ich Ihnen schon einmal andeuten, was für Sie wichtig sein wird, wenn Sie die Arbeit mit Ihrem inneren Kind beendet haben. Diese dauert normalerweise mindestens drei Wochen, höchstens vielleicht zwei bis drei Monate. Danach ist es häufig so, dass man einen guten Kontakt zu seinem inneren Kind hat, d.h., dass Sie einen guten Kontakt zu Ihrem ganzen Gefühlsbereich bekommen haben, der auch für die jetzige momentane Lebenssituation, in der Sie als Erwachsener sind, entscheidend ist. Und so können Sie also nun immer – wie früher schon erwähnt –, wenn es Ihnen einmal nicht gut geht, sofort innerlich zu Ihrem inneren Kind „hinschauen" und es fragen, was los ist und was es braucht, damit es ihm besser geht. Das innere Kind wird Ihnen immer mitteilen, was es braucht.

Ich möchte Ihnen über ein Beispiel von mir berichten. Ich habe häufig von acht Uhr morgens bis elf Uhr drei Patienten hintereinander betreut. Dann habe ich eine Pause von einer halben Stunde gemacht und danach noch einmal von 11.30 Uhr bis 13.30 Uhr zwei weitere Patienten angenommen. In dieser halben Stunde Pause habe ich mit Vorliebe eingekauft, da ich mittags meinem Sohn etwas zu essen machen wollte. Ich habe mir in dieser halben Stunde mindestens drei Geschäfte vorgenommen, bin mit dem Rad dort hingefahren, habe eingekauft und war immer pünktlich um 11.30 Uhr wieder für den nächsten Patienten zurück. Dass das zwar eine gute Ablenkung war, um nicht mehr an die Probleme der Patienten zu denken, war mir klar. Aber es war natürlich zusätzlicher Stress, was mir lange Zeit gar nicht so bewusst war. Als ich nun mit der Arbeit mit meinem inneren Kind begann, rebellierte das Kind in mir, als ich um elf Uhr mit dem Fahrrad zum Einkaufen fahren wollte. Ich habe das Kind gefragt, was los sei, und die kleine Gabi hat zu mir gesagt, dass sie sich ausruhen und ein bisschen essen oder sich vielleicht hinlegen möchte, auf jeden Fall nicht wieder einkaufen und keinen Stress. Ich habe mich nicht darum gekümmert, weil ich es ja so gewohnt war, von elf Uhr bis 11.30 Uhr einzukaufen. Ich hatte das Gefühl, heute unbedingt etwas Wichtiges einkaufen zu müssen, sonst könnte ich das, was ich mir vorgenommen hatte, für meinen Sohn nicht kochen. Also fuhr ich diesmal mit dem Auto los, weil die Geschäfte für diese Einkäufe weiter auseinander lagen. Und wie es kommen musste, kam ich in eine unbeschreibliche Hektik, fand keine ordentlichen Parkplätze und stellte mein Auto schließlich in eine Einfahrt, um überhaupt parken zu können. Ich stand um 11.25 Uhr immer noch in einer Endlosschlange an der Kasse, was sonst zu dieser Uhrzeit nicht in diesem Maße üblich war. Ich musste damit rechnen, dass jederzeit irgendjemand zur Einfahrt rein oder raus wollte und mein Auto dort massiv stören könnte, und ich musste damit rechnen, dass mein nächster Patient möglicherweise vor verschlossener Tür vor der Praxis wartete. Ich habe es dann trotzdem geschafft, pünktlich zu Hause zu sein, und bei aller Aufregung habe ich dann um 13.30 Uhr, als ich für meinen Sohn kochen wollte, festgestellt, dass ich alles eingekauft hatte, aber genau das nicht, weswegen ich eigentlich überhaupt weggefahren bin. Das sollte offensichtlich ein deutliches Zeichen für mich sein und ich habe es auch als solches erkannt. Ich konnte also dieses Gericht nicht kochen, musste mich auf etwas anderes beschränken und habe fortan wesentlich besser auf die Stimme meines inneren Kindes gehört. Seither mache ich von elf Uhr bis 11.30 Uhr *Pause* und arbeite meistens anschließend nur noch mit *einem* Patienten. Ich musste feststellen, dass der Stress viel zu groß war, den ich mir jahrelang aufgeladen habe. Ich habe immer wieder versucht, auf diese Stimme des inneren Kindes *nicht* zu hören und etwas zu machen, das mir mein „Kopf" gesagt hat. Und ich muss sagen, dass ich ganz deutlich einsehen musste, dass das, was mir meine Vernunft in bestimmten Situationen sagt, manchmal genau das Gegenteil von dem ist, das mir persönlich eigentlich gut tut und das für mich auch das Richtige in dem jeweiligen Moment ist. Mein inneres Kind weiß immer genau, was für mich das Richtige ist. Das ist mir mittlerweile klar geworden und so ist mir auch bewusst, dass das innere Kind eine wunderbare Vorstufe zum eigenen Inneren, d.h., eine wunderbare Vorstufe zur „inneren Stimme" ist.

Experimentieren Sie mit sich selbst, was die Art der Kontaktaufnahme mit Ihrem Kind betrifft, d.h., erwarten Sie bitte nicht von sich, dass Sie immer absolut richtig reagieren, so wie es das Kind in Ihren Bildern in diesem jeweiligen Moment gerade braucht. Sie können immer – am besten durch einen Rollenwechsel – in der Rolle des inneren Kindes feststellen, was für dieses Kind am besten ist, was es sich wünscht und was es eventuell nicht haben kann. Es passiert häufig, dass der Erwachsene viel zu schnell, viel zu forsch und mit viel zu froher Erwartung an das Kind herangeht. Prüfen Sie sich hier bitte immer wieder selbst. Sie haben als Erwachsener bei einem traurigen Kind vielleicht das Gefühl, es sofort in den Arm nehmen zu wollen. Dies ist durchaus bei manchen „Kindern" möglich, aber es sei gewarnt davor, so etwas als Erwachsener in diesen Bildern sofort ohne Vorwarnung anzustreben. Denn es kann dadurch bei diesem Kind auch ein Schock erzeugt werden, da es liebevolle Berührungen vielleicht nie erlebt hat. Wenn Sie es sofort in den Arm nehmen wollen, kann sich ein massiver Widerstand bei dem Kind gegen jede Form von körperlicher Nähe entwickeln. Wenn Sie es einmal unproblematisch erreicht haben, Ihr inneres Kind in den Arm zu nehmen, haben Sie für meine Begriffe schon die größte Form der Heilung erreicht. Aber seien Sie vorsichtig – es gilt, sich an dieses Thema ganz langsam und behutsam heranzutasten. Sie werden den Zeitpunkt, wann das Kind dieses Bedürfnis hat, am besten dadurch erfahren, indem Sie immer wieder einen Rollenwechsel mit dem Kind vornehmen. Wenn das Kind diese Bedürfnisse hat, werden Sie sie in der Erwachsenenrolle aufnehmen und haben dann freie Bahn und das Kind wird es Ihnen mit Sicherheit sehr „danken".

Bemühen Sie sich, dieses Kind, das Sie einmal waren, zu akzeptieren, auch wenn es Ihnen vielleicht anfangs schwer fällt. Ihr inneres Kind kann in den ersten Bildern durchaus als trotziges Kind auftauchen, das Sie anmotzt oder Sie nicht beachtet. Gerade hierbei ist es immer gut, als Erwachsener dann *so nebenbei* in den Umgebungsraum des Kindes hineinzugehen und auch selbst so zu tun, als würde man sich für dieses Kind gar nicht so groß interessieren, sondern vielleicht mehr dafür, was dieses Kind gerade tut. Aber auch dies anfänglich bitte mit Distanz. Es zeigt sich immer wieder, dass Distanz am Anfang wesentlich eher das Kind dazu bringt, sich dem Erwachsenen zuzuwenden und langsam neugierig auf ihn zu werden, als wenn der Erwachsene zu forsch auf das Kind zugeht. Günstig erweist sich auch stets, wenn der Erwachsene sich z.B. – auch ohne groß Kontakt aufzunehmen – in den Sandkasten setzt und selbst anfängt, irgendetwas zu spielen, Kuchen zu backen oder Ähnliches. Das Kind fängt dann manchmal an, sich zu wundern, was der Erwachsene bei ihm im Sandkasten wohl macht, und schon haben Sie ein bisschen Interesse von Seiten des Kindes für sich geweckt. Es ist ein ganz wichtiger Faktor, dass Sie erreichen, dass das Kind sich für Sie interessiert. Sie müssen davon ausgehen, dass es häufig in der Kindheit so wenig Zuwendung bekommen hat, dass es sich überhaupt nicht vorstellen kann, dass sich ein Erwachsener für es interessiert. Und diese Situation ist jetzt für das Kind häufig völlig neu. Das Beste ist immer, wenn Sie erreichen, dass das Kind *neugierig* auf

Sie wird. Seien Sie bitte klug und vorsichtig und machen Sie oft einen Rollentausch mit dem Kind. Dann erfahren Sie am schnellsten, was es braucht. Es kann sein, dass Ihnen dieses Kind auf die Nerven geht. Dann gehen Sie ganz bewusst aus dem Bild heraus und überlegen Sie, ob Sie die Mühe auf sich nehmen wollen, es zu „erziehen" und auch so viel Geduld aufzubringen, bis es sich Ihnen zuwenden kann. Anschließend fangen Sie am nächsten Tag wieder an, sich mit dem Kind zu befassen. Geben Sie nicht auf. Es kann manchmal ein paar Tage dauern, bis es begreift, dass Sie durchaus jemand sind, der sich für dieses Kind interessiert, aber seine Launen z.B. noch nicht so besonders gut aushält. Es geht auch nicht darum, dass Sie als Erwachsener nun alle Launen aushalten, sondern dass Sie dem Kind mitteilen, dass Sie gerne am nächsten Tag wiederkommen möchten, aber eigentlich ein bisschen Probleme mit seinem Verhalten haben, und dass Sie sich sehr wünschen, dass es sich dann so und so verhält – (wie Sie es als Erwachsener gut verkraften). Schauen Sie am nächsten Tag, wenn Sie sich wieder Ihrem inneren Kind zuwenden, wie es sich nun verhält. Sie werden sehen, dass dieses Kind, wenn Sie als Erwachsener genügend Geduld haben, im Laufe der Zeit für Ihr Dasein und Ihre Zuwendung dankbar ist. Ich kann Ihnen versprechen, aus meiner über neunjährigen Erfahrung mit dieser Arbeit, dass sich dieses Vertrauen entwickelt, wenn Sie sich als Erwachsener nur genügend bemühen. Sie gewinnen damit etwas, das ich früher für unmöglich gehalten habe, nämlich eine Art Urvertrauen, das Sie als Kind möglicherweise nie empfunden haben.

Es geht auch darum, den Kontakt mit Ihrem inneren Kind, wenn er einmal gut zustande gekommen ist, nie wieder abzubrechen, sondern ihn einfach immer wieder einmal einzusetzen, z.B. später alle drei Tage einmal ganz kurz in Gedanken. Schauen Sie das innere Kind an, wie es ihm geht. Und wenn Sie sehen, dass es ihm gut geht, wird es Ihnen auch gut gehen. Wenn es Ihnen nicht so gut geht, dann fragen Sie einfach sofort Ihr inneres Kind, auch nur bei geringem Aufflammen eines unguten Gefühls, was es nötig hat, was es braucht. Sie werden immer die richtige Antwort bekommen, erfahren, was ihm fehlt. Sobald Sie es schaffen, sich den Wünschen Ihres inneren Kindes „unterzuordnen", werden Sie sich selbst bei entsprechender Veränderung Ihres eigenen Verhaltens als Erwachsener wieder wesentlich wohler fühlen. Dies ist eine Sache von ganz kurzer Dauer. Häufig geht es einfach darum, dass das innere Kind von Ihnen z.B. ein bisschen in den Arm genommen werden möchte. Dann tun Sie das in Gedanken, gleichgültig ob Sie gerade Küchenarbeit leisten oder etwas anderes machen. Stellen Sie sich einfach ein bisschen vor, dass Sie Ihr Kind in den Arm nehmen. Das Kind wird sich schnell beruhigen, d.h., *Sie* werden sich dadurch schnell beruhigen und es wird Ihnen nach ganz kurzer Zeit wieder besser gehen. Sie werden die vielleicht gerade aufgetauchte gedrückte Stimmung sehr schnell wieder verlieren.

Wenn Sie in den Augen Ihres inneren Kindes „falsch" auf irgendetwas in diesen Bildern reagiert haben, dann fangen Sie wieder von vorne an und probieren etwas anderes aus. Nehmen Sie sich immer wieder vor, zu experimentieren, immer wieder einen Rollenwechsel zu machen und dann zu schauen, welche Reaktion das Kind brauchen würde, damit es ihm gut geht. Und gut gehen heißt nicht, dass das Kind grenzenlos Dinge tut, die ihm letztendlich *nicht* gut tun. Gehen Sie bitte als Erwachsener stets davon aus, dass Sie immer wieder von vorne eine neue Verhaltensweise ausprobieren können und sollen, wenn die Reaktion des Kindes in gar keiner Weise so ist, wie Sie sich das eigentlich vorstellen, bzw. wenn Sie spüren, dass es dem Kind mit Ihrem Verhalten als Erwachsenem vielleicht nicht gut gegangen ist. Wichtig ist, dass Sie sich als Erwachsener dabei nie „böse" sind, wenn Sie sich „falsch" verhalten haben. Hier geht es um ein Experiment, nicht um ein Wissen, nicht um richtig oder falsch, sondern immer wieder darum, mit sehr viel Geduld und sehr viel Experimentieren das Vertrauen dieses Kindes auf Dauer zu gewinnen und damit die stärkste Heilung in Gang zu setzen, die Sie sich selbst angedeihen lassen können.

Was tue ich, wenn ...?

Was tue ich, wenn kein Bild kommt?

Wir haben dieses Thema anfangs schon einmal behandelt. Wenn am Beginn der Arbeit mit Ihrem inneren Kind kein inneres Bild auftauchen sollte, versuchen Sie sich einfach irgendein Alter vorzunehmen, z.B. fünf oder sieben Jahre, und sich vorzustellen, in welcher Lebenssituation Sie damals waren – wie sah die Schule aus, welche Klassenkameraden hatten Sie, in welcher Situation waren Ihre Eltern damals? Wenn Ihnen das auch Schwierigkeiten machen sollte, holen Sie sich Fotos aus früheren Zeiten heraus, sehen Sie sich diese Fotos an und schauen Sie einfach mal, welches Foto Sie als Erwachsener am meisten interessiert. Und dann versuchen Sie sich einfach vorzustellen: Wie war es damals, als ich so aussah wie auf diesem Foto? Wichtig ist hier, dass es niemals darum geht, dass Sie nun genau die Realität wiedererinnern. Es geht darum, dass Sie alles, was einfach an Vorstellung möglich ist, mit in diese Bilder hineinnehmen. Und letztendlich geht es auch immer darum, alte Bedürfnisse, die damals als Kind nicht erfüllt worden sind, nun in positiver Weise nachzuholen und damit Heilung herbeizuführen.

Eine Klientin sagte zu mir einmal, als es darum ging, dass sie bei ihren inneren Vorstellungen kein Bild bekam: „Dann habe ich das Kind einfach zu mir ins Bett gelegt.“

Ich denke, das ist eine sehr nette Lösung, wenn das Kind dabei mitmacht. Aber ansonsten ist ganz wichtig zu wissen, dass es durchaus Tage gibt, an denen es schwierig ist, Bilder zu produzieren, und an denen man z.B. auch einfach einmal als Erwachsener eine Pause braucht, um das, was man in der Zwischenzeit mit dem inneren Kind gemacht hat, sich setzen zu lassen. Wichtig ist dann, dass Sie auf keinen Fall besonders irritiert sind. Dies kommt immer wieder einmal vor.

Auch wenn kein inneres Bild entsteht und Sie sich dazu entschließen, den Tag einfach ohne Bild vorübergehen zu lassen, möchte ich Ihnen doch dringend empfehlen, sich wenigstens ganz kurz innerlich Ihrem inneren Kind zuzuwenden – auch ohne inneres Bild – und ihm kurz liebevoll mitzuteilen, dass Sie sich heute zwar bemüht haben, zu ihm Kontakt aufzunehmen, dass es Ihnen aber nicht gelungen ist und dass Sie es morgen wieder von neuem versuchen werden. Oder dass Sie dem Kind auch z.B. ganz offen mitteilen, dass Sie heute einfach eine Pause brauchen. Bedenken Sie immer, dass das Wichtigste gerade in den ersten Wochen dieser Arbeit ist, dass Ihr inneres Kind Vertrauen bekommt, dass Sie sich wirklich ihm zuwenden wollen und auch alles Ihnen Mögliche versuchen, damit dies gelingt. Und dazu gehört auch, dass Sie dem Kind mitteilen, wenn Sie einmal keine Zeit haben, und ihm versprechen, dass Sie sich ihm am nächsten Tag wieder zuwenden. Es ist dringend nötig, dass Sie das einhalten, denn sonst erlebt Ihr inneres Kind das, was es vielleicht auch als Kind oft erlebt hat, dass Erwachsene etwas versprechen, das sie dann nicht halten.

Was tue ich, wenn eine Szene nach der anderen kommt, statt nur einfach das innere Kind in einem bestimmten Alter?

In diesem Fall ist es wichtig zu versuchen, sich für eine dieser vielen Szenen zu entscheiden. Wenn Sie das getan haben, dann halten Sie einfach dieses Bild an und betrachten Sie es. Sie können, wenn Sie die Protokolle von Barbara und Michael in Kapitel 9 durchlesen, diese Situation auch immer wieder feststellen. Sie kommt sehr häufig vor, gerade wenn man mit dieser Arbeit beginnt.

Was tue ich, wenn ich mir ein ganz bestimmtes Bild vorstellen „möchte“, sich aber ein anderes Bild in meiner Fantasie einblendet?

Hier hat immer Letzteres Vorrang, da dies dem Menschen, der sich mit dem inneren Kind befasst, offensichtlich sein eigenes Unterbewusstsein als „vorrangig“ anbietet.

Was tue ich, wenn das Kind nicht mit mir reden will?

Wichtig ist in diesem Fall immer, dass Sie unendlich viel Geduld gerade mit solch einem Kind aufbringen. Wie in dem früheren Beispiel gezeigt, kann es auch sehr lange dauern, bis das Kind zum „Reden“ bereit ist. Gehen Sie immer davon aus, dass es für ein Kind oft besonders wichtig ist, dass Sie einfach nur anwesend sind. Ihre Anwesenheit gibt ihm Schutz, auch wenn es nur etwas vor sich hinspielt. Ihre Anwesenheit kann dem Kind sogar Mut machen und es auf Dauer zunehmend in all seinen Kräften stärken. Also gehen Sie bitte auf keinen Fall davon aus, dass in diesen Bildern viel passieren muss. Wenn Sie das jeden Tag machen, können diese Bilder zehn Minuten lang nur so aussehen, dass das Kind irgendetwas gerne machen möchte und Sie dabei „nur“ anwesend sind, weiter nichts. Wichtig ist, dass Sie dann auch eine gewisse Zeit als anwesende erwachsene Person in diesem Bild bleiben. Bitte nehmen Sie auch hier immer wieder Rollenwechsel vor und prüfen Sie, wie es dem Kind geht, wenn Sie als Erwachsener da sind. Sie werden immer wieder sehen, dass es ihm gut geht, wenn Sie da sind. Es ist vielleicht am Anfang, manchmal etwas skeptisch aber im Laufe der Zeit wird es sich wohl und sicherer fühlen als vorher. Wenn das Kind nicht reden will, schlagen Sie ihm trotzdem etwas vor, das Sie gerne mit ihm zusammen „tun“ wollen, falls es selbst keine Idee hat. Es kann z.B. sein, dass es dann auf Ihren Vorschlag ein Ja oder Nein nur mit dem Kopf schüttelt. Reagieren Sie darauf, haben Sie Geduld. Wenn ein Kind nicht spricht, ist das in diesen Bildern normalerweise nicht Ausdruck von Boshaftigkeit oder Aggression, sondern von großer Skepsis, die Sie als Kind Erwachsenen gegenüber hatten.

Was tue ich, wenn ich als Erwachsener nicht den Mut habe, zu dem inneren Kind Kontakt aufzunehmen?

Wenn es Ihnen große Probleme macht, zu Ihrem inneren Kind Kontakt aufzunehmen, probieren Sie es einfach einmal in Ihrer Fantasie mit einem fremden Kind im Sandkasten. Stellen Sie sich einfach irgendein fremdes Kind vor und schauen Sie, was Sie in Ihrer Fantasie machen, wenn Sie zu diesem Kind, das mit Ihnen ja überhaupt nichts zu tun hat, versuchen in Kontakt zu treten. Dies kann eine sehr gute Vorübung dafür sein, damit Sie ein bisschen mehr Mut bekommen, auch mit Ihrem eigenen inneren Kind in Kontakt zu treten.

Was tue ich, wenn sich tagelang immer das gleiche Bild einstellt?

Hier möchte ich Ihnen ein Beispiel von meinen eigenen Bildern mitteilen. Das erste Bild, das sich bei mir eingestellt hat, war die fünfjährige Gabi in den Isarauen Schlüsselblumen sammelnd. Dieses Bild hat sich 14 Tage lang wiederholt und ich habe damals noch wenig begriffen, wozu das nötig sein sollte. Heute ist es mir sehr deutlich geworden und ich möchte es Ihnen als Beispiel erzählen, da es sich bei machen meiner Klienten auch in dieser Form des immer wiederkehrenden gleichen Bildes wiederholt hat. Auch das kann eine ganz große Heilung hervorrufen.

Bei mir war es so, dass mich mit fünf Jahren eine Tante, die mir sehr unangenehm war (sie war bei uns lange zu Besuch und redete furchtbar viel), am Ostersonntag um sechs Uhr morgens aus dem Bett warf (was ich fürchterlich fand) und mit mir zu Fuß – wohlgemerkt! – eine Stunde lang bis zu den Isarauen ging, um Schlüsselblumen zu sammeln, damit wir den Ostertisch decken konnten.

Ich war mit meinen Eltern nie spazieren gegangen, das war bei uns in der Familie nicht üblich. Dadurch habe ich Natur auch kaum kennen gelernt, außer das Meer anlässlich unseres jährlichen Urlaubs. Jedenfalls hat mich dieser Osterspaziergang trotz meiner schrecklichen Tante offensichtlich doch schwer beeindruckt, denn er hat mir eine wunderschöne Frühlingslandschaft im Morgengrauen vermittelt, die ich noch nie gesehen hatte. Ich tauchte als Fünfjährige in meinen inneren Bildern

14 Tage hintereinander immer wieder in den Isarauen auf und wollte die Erwachsene (mich als erwachsene Person) an der Hand haben und Schlüsselblumen sammeln. Manchmal wollte ich das auch ohne die Verbundenheit mit ihrer Hand. Aber ihre „schützende“ Anwesenheit in diesen Isarauen war mir als Kind sehr wichtig. Als Erwachsene erlebte ich die kleine Gabi dabei sichtlich vergnügt und von Tag zu Tag sich dabei wohler fühlend, sodass ich mit der Zeit annahm, dass dieses Bild seinen Sinn haben musste. Heute ist mir klar, dass ich damit dieses alte Kindheitsbedürfnis nach viel mehr Natur, als mir von meinen Eltern geboten wurde, hier nun in optimaler Weise stillen konnte. Erst nach 14 Tagen tauchte ich dann als kleines weinendes Kind von drei Jahren auf, das von mir als erwachsener Person dringend in den Arm genommen werden wollte. Möglicherweise wollte ich in der Rolle des Kindes die Erwachsene auch „testen“, ob sie mit mir nicht die Geduld verliert.

Wichtig ist also, dass Sie nicht hinterfragen, welchen Sinn das nun haben soll, wenn das Bild mit dem inneren Kind täglich immer wieder dasselbe ist. Gehen Sie davon aus, dass dies sogar etwas ganz besonders Wichtiges ist und dass es bei all diesen Bildern überhaupt nicht darum geht, wie und ob Sie diese Bilder deuten, sondern darum, dass Sie diese Bilder *„erleben“*. Nur das bringt Heilung. Sie werden im Laufe der Zeit spüren, dass Sie sich selbst immer wohler und sicherer in dieser Welt fühlen, je mehr Sie im Kontakt mit Ihrem inneren Kind sind und je mehr Sie alte Dinge, die Ihnen Ihr inneres Kind zeigt, aufarbeiten. Lesen Sie dazu z.B. die Ergebnisse der dreiwöchigen Beschäftigung mit dem inneren Kind von Barbara und Michael (Kapitel 9).

Natürlich können wir nicht alle Situationen, die wir je als schwierig erlebt haben, aufarbeiten, darum geht es auch gar nicht. Das innere Kind wird Sie immer an die Situationen hinführen – wenn Sie es als Erwachsener zulassen –, in denen es am meisten Heilung braucht. Und wenn Sie „am Ball bleiben", werden Sie relativ bald merken, dass sich an Ihrer gesamten psychischen Verfassung etwas positiv verändern wird.

Was tun, wenn das innere Kind Sie als erwachsene Person „auflaufen" lässt, nach dem Motto: „Die kann lange versuchen, mit mir Kontakt aufzunehmen, mit mir nicht!"?

Hier ist ganz wichtig, dass man nicht aufgibt, sondern jeden Tag einfach wiederkommt. D.h., dass Sie jeden Tag immer wieder von neuem versuchen, sich Ihr inneres Kind vorzustellen, und sich als erwachsene Person diesem Kind zu zeigen. Oft steckt hinter Sprüchen, wie dem oben genannten, der sehnlichste Wunsch, dass der Erwachsene sich doch um das Kind kümmern möge, aber es will ihn herausfordern, so lange, bis es wirklich zu ihm Vertrauen haben kann.

Was tun, wenn der Erwachsene dem Kind den kleinen Finger gibt und das Kind gleich die ganze Hand nehmen will?

Das Kind in diesem Bild hat offensichtlich das Bedürfnis, den Erwachsenen total für sich zu vereinnahmen. Auch hier ist ganz wichtig, auf die Gefühle des Erwachsenen zu achten und zu lernen, sich von dem Kind entsprechend auch wieder abzugrenzen, ihm zu verstehen zu geben, dass man dieses starke Bedürfnis zwar sehr gut nachvollziehen kann und es auch akzeptiert, aber dass es einem im Moment zu viel wird und dass man am nächsten Tag wiederkommt (indem man am nächsten Tag wieder ein Bild mit dem inneren Kind herstellt).

Was tun, wenn das Kind in diesen Bildern Angst hat?

Wenn eine solche Situation auftaucht, ist es sehr wichtig, dass Sie als Erwachsener dem Kind vermitteln, dass Sie jetzt im Moment für das Kind da sind und dass Sie nicht weggehen werden, dass Sie so lange da bleiben werden, bis die Angst wieder verschwunden ist. Je intensiver das Vertrauen des Kindes zu Ihnen geworden ist, desto kürzer wird es dauern, bis es die Angst verliert. Wichtig ist hierbei, dass Sie dem Kind vermitteln, dass Sie sich immer wieder um es kümmern werden, sodass auch hier Ängste normalerweise relativ schnell aufgelöst werden können. Wenn es Angst vor einem Menschen hat, z.B. vor Mutter oder Vater, ist es wichtig, dass Sie mit dem Kind zusammen zu dieser Person hingehen und ihm dadurch Schutz geben. Gehen Sie immer wieder davon aus, dass z.B. auch die Mutter des Kindes Sie als erwachsene Person nicht kennt und dass auch die Mutter manchmal Schutz braucht. Dazu ist auch günstig, immer wieder einen Rollenwechsel mit dieser Mutter zu machen, um zu spüren, wie es ihr persönlich eigentlich geht. Wenn Sie dann wieder in der Rolle Ihrer eigenen erwachsenen Person sind, ist es gut, diese Informationen mit hineinzunehmen, um z.B. vielleicht auch die Mutter zu beruhigen, falls dies nötig ist. Ist das Kind allerdings in einer sehr bedrohlichen Situation, z.B. dadurch, dass der schwer alkoholisierte Vater es nachts aus dem Bett zerrt und anschreit oder prügelt, dann ist es am besten, dieses Kind aus Ihrer Sicht der Erwachsenen sofort aus dieser Situation mit hinauszunehmen und seinem Wunsch gemäß mit ihm in eine andere eigene Wohnung zu ziehen, in der Sie in Zukunft in Ihrer Vorstellung mit diesem Kind wohnen bleiben werden. Diese Wohnung kann dort sein, wo Sie heute als Erwachsener leben, Sie können aber auch eine imaginative Wohnung, also eine, die Sie sich bildhaft vorstellen, nehmen. Wichtig ist, dass Sie dem Kind einen neuen Schutzraum anbieten, bei dem es weiß, dass es dort nie wieder gehen muss. Nur so kann der kindlichen Seele klargemacht werden, dass diese schreckliche Situation, die sich im Leben des Kindes vielleicht sehr oft wiederholt hat, endgültig vorbei ist und dass Sie als erwachsene Person nun Ihr ganzes Leben lang diesem Kind den Schutz geben, den es braucht.

Was tue ich, wenn statt einem Bild mit meinem inneren Kind eine Erinnerung kommt, die ich z.B. als Vater oder Mutter mit meinen eigenen Kindern gehabt habe?

Beispiel: Man hat einmal auf das eigene Kind nicht richtig aufgepasst und hat dann als Vater dieses Kindes von seiner Frau einen massiven Tadel bekommen, in Form von: „Wieso passt du nicht auf? Du machst immer alles falsch!“ (Etwa wenn das Kind bei einem Bergspaziergang auf einen kleinen Felsen geklettert und davon heruntergefallen ist.) Solch eine Szene kann einen zu einer alten Kinderszene zurückbringen, wenn man sich einfach selbst fragt: „Woher kenne ich diesen Ausspruch von meiner Frau, wer hat mir das früher z.B. schon einmal gesagt (Vater oder Mutter usw.)?“ Und dann kann man z.B. zu dieser früheren Situation zurückgehen, die einem daraufhin einfällt.

Was mache ich, wenn das Kind mir gegenüber trotz vieler Annäherungsversuche immer noch skeptisch ist?

Diese Situation taucht immer wieder auf, vor allem dann, wenn Sie als Kind so gut wie zu niemandem Vertrauen haben konnten oder dieses immer wieder enttäuscht worden ist. Fragen Sie dann am besten einmal Ihr inneres Kind, warum es so skeptisch ist. Konfrontieren Sie es ganz offen mit dieser Frage, zeigen Sie auch die Hilflosigkeit, die Sie im Moment im Umgang mit dieser Situation als erwachsene Person haben. Teilen Sie dem Kind mit, dass Sie sich gerne um es kümmern, aber dass es für Sie sehr schwer ist, wenn das Kind so skeptisch ist. Sprechen Sie den Konflikt ganz offen an und Sie werden nach einem Rollentausch mit dem Kind sehen, dass es Ihnen wahrscheinlich ziemlich genau und detailliert, manchmal vielleicht etwas hart, mitteilt, warum es skeptisch ist und was es braucht, damit es seine Skepsis verlieren kann. Benützen Sie diese Möglichkeit, immer wieder zu fragen, und glauben Sie nicht, dass Sie diese Antworten kennen können. Sie können diese Antworten auf Ihre Fragen als Erwachsener immer am besten dadurch erfahren, dass Sie in die Rolle des Kindes wechseln, sich in diesen kleinen Körper wieder hineinversetzen und nachfühlen, welche Antwort Sie als Kind dieser erwachsenen Person geben wollen.

Wenn ich hier vom kleinen Kind spreche, ist das nur deshalb, weil es sich in diesen Bildern meistens um kleine Kinder handelt, also im Alter von null bis zehn Jahren. Es kann aber auch durchaus sein, dass dieses Kind bereits 14 oder 18 Jahre alt ist, aber Sie als erwachsene Person sehr dringend braucht, um mit einer Lebenssituation, die Sie damals in diesem Alter erlebt haben, besser fertig zu werden. Dann ist es ganz wichtig, als erwachsene Person zu diesem 14 oder 18 Jahre alten Menschen hinzugehen und gemeinsam zu versuchen, mit ihm in Kontakt zu kommen und ein Problem zu lösen.

Was tue ich, wenn das innere Kind z.B. sagt: „Lass mich in Ruhe!"?

Wenn das Kind bei einer körperlichen Berührung durch den Erwachsenen mit seiner Gestik ausdrückt, dass es diese eigentlich nicht möchte, dann bleiben Sie bei dieser Berührung. Nur wenn „Lass mich in Ruhe!" auch mit einer deutlichen körperlichen Abwehr zum Ausdruck gebracht wird, dann respektieren Sie bitte als Erwachsener diese Abwehr und gehen aus dem Bild heraus. Aber prüfen Sie das bitte genau. Schauen Sie dann einfach weiter, was als Nächstes in Ihren inneren Bildern auftaucht. Irgendwann kommt dann mit Sicherheit eine Szene, in der z.B. das Kind die Hilfe des Erwachsenen brauchen könnte und auch gerne annimmt. Bei einem Buben kam, nachdem er diesen Satz „Lass mich in Ruhe!" dem Erwachsenen mitgeteilt hat, als nächste Szene ein Klassenfoto aus der zweiten Klasse. Einen Tag vorher hatte die Lehrerin mitgeteilt, dass morgen ein Klassenfoto gemacht werden sollte. Dazu sollten sich alle schön anziehen. Der Bub kam als Einziger im Anzug in die Schule und es war ihm schrecklich peinlich. Er schämte sich, weil kein anderer so angezogen war. Als er nun in der Rolle des inneren Kindes den Erwachsenen sieht, wirft er dem Erwachsenen einen flehentlichen Blick zu. Der Erwachsene geht auf das Kind zu und kauft ihm neue Kleidung, genau die, die der Bub dafür eigentlich hätte haben wollen und die dafür auch in Ordnung ist. Hier geschieht Heilung vor allem dadurch, dass das Kind dringend Hilfe braucht. Man kann eigentlich nur abwarten, bis so eine Szene kommt. Aber das kann auch an einem der nächsten Tage sein, an dem man mit dem inneren Kind arbeitet.

Was tun, wenn Ihr inneres Kind Sie als Erwachsenen fragt: „Wie heißt du denn?"?

Antworten Sie einfach als Erwachsener z.B.: „Genauso wie du, nämlich auch Renate, Günther, Gudrun (oder wie immer Sie auch heißen)." Sollte Ihr inneres Kind daraufhin z.B. sagen, dass es seinen eigenen Namen blöd findet, und fragen, ob Sie als Erwachsener diesen Namen auch blöd finden, dann antworten Sie ihm ganz ehrlich. Häufig hat sich das im Erwachsenenalter sehr geändert. Man kann als Erwachsener mit seinem Namen oft wesentlich mehr anfangen. Aber es gibt auch durchaus die Möglichkeit, dass man diesen Namen nach wie vor nicht mag, und in diesem Falle wäre es sicherlich günstig, sich einen neuen Namen auszusuchen. Fragen Sie Ihr inneres Kind, welcher Name ihm denn gut gefallen würde. Und benennen Sie dieses Kind einfach einmal mit diesem neuen Namen. Vielleicht ist das eine Art von Wertschätzung, das Kind ernst zu nehmen, von freier Entscheidung, mich so zu benennen, wie es für mich stimmig ist, und dadurch auch eine Anerkennung der Persönlichkeit des Kindes. Gehen Sie spielerisch mit diesen Situationen um, so wie ein Kind auch alle ernsthaften Situationen des Lebens in spielerischer Form für sich „erledigt", soweit es dieses darf.

Manchmal hat man als Erwachsener auch deshalb eine neue Beziehung zu dem eigenen Vornamen, weil man z.B. weiß, was er inhaltlich bedeutet oder einem vielleicht der Inhalt des Namens gefällt.

Was tun, wenn man als Erwachsener bei der Arbeit mit dem inneren Kind einschläft?

Wenn Sie bei der Arbeit mit dem inneren Kind einschlafen, dann ist das in Ordnung. Es wird in Ihre Träume übergehen und dort vielleicht noch wertvollere Arbeit leisten als mit Ihren bewussten Gedanken. Jedenfalls kann ich Ihnen mit Sicherheit sagen, dass es in keinem Falle schlimm ist, sondern Sie es einfach zulassen sollten. Wichtig ist in erster Linie, dass Sie Kontakt mit dem Kind aufnehmen. Wie lang das bewusst dauert, ist nicht wichtig. Ebenso wird es Ihnen immer wieder passieren, dass Sie z.B. gedanklich während der Arbeit mit dem inneren Kind plötzlich bei einer normalen Alltagssituation sind, die mit Ihrem inneren Kind überhaupt nichts zu tun hat. Auch das ist in keiner Weise schlimm und wird immer wieder vorkommen. Wenn Ihnen das auffällt, dann registrieren Sie es einfach, schieben Sie in aller Ruhe diese Gedanken, die Ihnen gerade gekommen sind, wieder von sich weg und konzentrieren Sie sich erneut auf Ihr inneres Kind. Dies ist eine Situation, die sehr häufig bei Meditationen auftritt. Wichtig ist auch dabei, dass man die Situation überhaupt bemerkt, dass man die Gedanken, die hier störend eingeflossen sind, langsam wieder wegschiebt, dass man sich von ihnen verabschiedet und zur eigentlichen Meditation – oder in diesem Fall hier zur Arbeit mit dem inneren Kind – langsam und ruhig wieder zurückkommt.

Was tue ich, wenn ich als Erwachsener Wut auf dieses Kind habe?

Ich hatte eine Klientin, die, noch bevor sie mir erzählen konnte, was in ihren Bildern ablief, gedanklich das Kind packte und in die Ecke warf. Dies zeigte inhaltlich lediglich, wie verheerend der Kontakt von der erwachsenen Person zu dem inneren Kind war und wie sehr die erwachsene Person das Kind, das sie einmal war, ablehnte. So etwas kommt vielleicht nicht in diesem intensiven Maße, aber ansonsten durchaus ab und zu einmal vor. Wir übernehmen als Erwachsene häufig die Elternstimmen und werten das Kind, das wir einmal waren, kräftig ab. Wenn Ihnen so etwas passieren sollte, dann prüfen Sie anschließend ganz konkret, was mit dem Kind passiert ist. Es liegt vermutlich verletzt am Boden und dann beobachten Sie bitte, was Sie jetzt mit diesem Kind machen. Es ist wichtig, dass Sie lernen, etwas wieder gutzumachen, das Sie an Negativem angerichtet haben. Das kann auch bei diesen Bildern vorkommen. Gerade zu Beginn der Bilder tauchen solche Schwierigkeiten am ehesten auf, wenn der Kontakt von Ihnen als erwachsener Person zu dem Kind in Ihnen konfliktreich ist. Sie müssen einfach davon ausgehen, dass das Kind, das Sie einmal waren, dann häufig meist massiv von allen Seiten abgelehnt wurde und Sie als erwachsene Person dieses Verhalten der damals Erwachsenen übernommen haben und jetzt das Kind in sich selbst ablehnen. Es kann z.B. sein, dass Ihnen das Kind vom Aussehen her nicht gefällt, weil früher alle Leute Sie für Ihr Aussehen gehänselt haben. Sie können dann vielleicht dieses Kind aus der Sicht der Erwachsenen einfach nicht „sehen“. Es ist Ihnen womöglich zu dick oder zu plump oder hat nicht die Kleidung an, die Sie sich eigentlich für dieses Kind wünschen. Haben Sie in diesem Fall Geduld mit sich selbst als Erwachsenem, da Sie ja bereit sind, etwas für das Kind in sich zu tun, sonst würden Sie an diese Arbeit gar nicht herangehen. Aber es ist sehr wichtig, dass Sie als Erstes überhaupt einmal schauen, wie es zu so einer heftigen Reaktion Ihres Erwachsenenanteils kommen konnte, und dass Sie sich als erwachsenem Menschen diese heftige Reaktion auch wieder verzeihen. Denn solch eine Reaktion hat eine Ursache, die wiederum darin besteht, dass das innere Kind in Ihnen nie das bekommen hat, das es wirklich gebraucht hat, sonst würden Sie sich als erwachsene Person nicht so verhalten. Solch ein Satz wie z.B.: „Ich kann mit Kindern überhaupt nichts anfangen“ zeigt nur, dass Sie zu Ihrem eigenen inneren Kind überhaupt keinen Kontakt haben. Ihre Vernunftseite und Ihre Gefühlsseite sind völlig abgespalten voneinander und es wird höchste Zeit, dass Sie diese beiden Bereiche wieder in Kontakt miteinander bringen.

Sie werden sehen, je mehr Sie mit Ihrem inneren Kind anfangen können, desto mehr wird sich das auch auf andere Kinder, die Ihnen in Ihrem Leben begegnen, übertragen. Und haben Sie keine Angst, ich habe noch niemanden kennen gelernt, der bei dieser Arbeit nicht gelernt hätte, mit dem Kind in sich und schließlich auch mit anderen Kindern in einen guten Kontakt zu kommen. Wichtig ist lediglich die Bereitschaft dazu, dass Sie wirklich wollen, auch wenn es anfangs oft sehr schwer fällt und große Mühe machen kann.

Was tun, wenn mein inneres Kind schüchtern ist und noch nicht auf den Arm genommen werden will?

Bitte akzeptieren Sie das. In diesem Falle dürfen Sie niemals intensiv auf das Kind zugehen, sondern sollten abwarten, es liebevoll behandeln, ihm vielleicht etwas Positives sagen, das Sie gut an ihm finden. Wichtig ist bei all diesen Zuwendungen immer, dass sie ehrlich gemeint sind, d.h., dass Sie nie mit irgendetwas übertreiben, das Sie eigentlich im Grunde Ihres Herzens gar nicht so meinen. Ihr inneres Kind würde es sofort merken und es negativ registrieren.

Was tun, wenn Ihr inneres Kind in einer Ecke sitzt und mit sich selbst redet – aber nicht mit Ihnen als Erwachsenem?

In diesem Fall gehen Sie bitte wieder in die Rolle des Kindes, um zu prüfen, was in ihm vorgeht. Meistens ist es dem inneren Kind wichtig, dass Sie als erwachsene Person anwesend sind, aber das Kind trotzdem für sich allein spielen möchte. Allein die Anwesenheit eines liebevoll zugewandten Erwachsenen kann schon Heilung für das Kind bedeuten. Als Erwachsener können Sie in so einer Situation auch lernen, wenn das Kind mit sich selbst reden möchte, dass Sie Geduld haben. Vielleicht hat mit Ihnen als Kind früher nie jemand Geduld gehabt. Um so wichtiger ist es, wenn Sie diese Geduld jetzt Ihrem inneren Kind zukommen lassen.

Was tun, wenn zu dem inneren Kind in der Vorstellung z.B. ein eigenes Kind von Ihnen dazukommt, das auf dieses innere Kind in Ihrer Vorstellung eifersüchtig ist?

Ihr eigenes Kind könnte z.B. sagen: „Was will denn die da?“ Das kommt vor allem dann leicht vor, wenn Sie ein Kind haben, das Sie besonders vereinnahmt, und Sie sich von diesem Kind vereinnahmen lassen.

Stellen Sie Ihrem eigenen Kind Ihr inneres Kind vor und teilen Sie Ihrem eigenen Kind mit, dass in Zukunft auch dieses Kind, das so ist, wie Sie selbst einmal waren, zu diesem Familienverbund gehören wird. Sagen Sie Ihrem eigenen Kind auch, dass das „neue“ Kind dringend *seiner eigenen* Hilfe bedarf und bitten Sie es direkt um seine Mithilfe, damit es Ihrem inneren Kind bald besser geht. Auf diese Weise sprechen Sie einen Erwachsenenanteil in Ihrem eigenen Kind an und zeigen ihm somit Ihre Anerkennung und Wertschätzung. Dies wird ihm helfen, sich Ihrem inneren Kind gegenüber liebevoller zu verhalten.

Bei dem inneren Bild einer meiner Klientinnen saß das eigene Kind links im Arm und rechts ihr inneres Kind. Dabei hat ihr eigenes Kind dem inneren Kind plötzlich aus heiterem Himmel ein Steifftier angeboten, womit die „Freundschaft" besiegelt war.

Was tun, wenn in dem Bild eine dritte Person dazukommt, z.B. Ihre Mutter oder Ihr Vater?

Prüfen Sie in der jeweiligen Situation selbst, ob es sinnvoll ist, sich als Erwachsener dieser dritten Person gegenüber als ein Mensch zu verhalten, den diese bereits gut kennt und die z.B. eine gute Bekannte der Familie ist, oder ob es besser ist, wenn Sie eine fremde Person sind, die in diese Situation, die Ihr inneres Kind im Moment erlebt, dazukommt. (Denken Sie immer wieder daran, wenn Sie eine Situation ausprobiert haben, die für Ihr inneres Kind keine guten Ergebnisse gebracht hat, dass Sie einfach eine andere Situation ausprobieren –, „schrauben" Sie einfach die Zeit zurück und fangen Sie die Szene oder die entsprechende Situation neu an – geben Sie nie auf, sondern probieren Sie es immer wieder neu, so lange, bis Sie einen Zustand für das innere Kind erreicht haben, in dem es sich einigermaßen wohl fühlen kann.) Und denken Sie auch an die Möglichkeit, dass Sie sich für die dritte Person „unsichtbar" machen können, während das innere Kind Sie als Erwachsenen sehen kann.

Was tun, wenn Sie als Erwachsener Angst haben, mit Ihrem inneren Kind umzugehen, weil Sie das Gefühl haben, dass Sie mit Kindern überhaupt nicht umgehen können?

Es ist im Grund überhaupt nicht wichtig, ob Sie mit Kindern umgehen können oder nicht. Wichtig ist, dass Sie bereit sind, sich für Ihr inneres Kind Zeit zu nehmen. Und wie schon gesagt, Sie sollen ja in der Art, wie Sie mit diesem Kind umgehen, experimentieren. Niemand von uns weiß genau, was für das innere Kind in dem jeweiligen Moment wirklich das Wichtigste ist. Das allein weiß lediglich Ihr inneres Kind selbst und daher ist es so dringend nötig, dass Sie oft genug einen Rollenwechsel machen. Diese Möglichkeit mit dem Rollenwechsel wird Ihnen zeigen, dass Sie nur dann genau herausfinden können, was der Wunsch des Kindes im Moment vielleicht gerade ist. Dabei kann es durchaus vorkommen, dass sich Ihr inneres Kind anfangs über Sie als Erwachsenen aufregt, weil Sie es stören. Aber seien Sie sicher, dass es, wenn Sie als Erwachsener Geduld behalten, mit der Zeit auf Sie neugierig werden wird. Dieses innere Kind ist offensichtlich überhaupt nicht gewohnt, dass man ihm irgendeine Form von Interesse bezeugt, und ist deshalb äußerst skeptisch, wenn diese Situation plötzlich auftaucht, und wehrt sich erst einmal dagegen. Versuchen Sie auch, auf diese Weise Ihr inneres Kind zu verstehen, wenn es sich am Anfang Ihnen gegenüber ablehnend verhalten sollte. Haben Sie als Erwachsener Geduld, Geduld, Geduld – und Sie werden sehen, Sie werden dafür belohnt.

Was tun, wenn Ihr inneres Kind z.B. als dreijähriges Kind nachts zu Hause allein gelassen wurde und nun kläglich aus dem Fenster schreit, dass die Eltern doch dableiben sollen?

In diesem Fall gibt es zwei gute Möglichkeiten:

1) Entweder Sie gehen als erwachsene Person zu diesen Eltern und sagen ihnen, was Sie von ihrem Verhalten halten (dies würde Ihr inneres Kind bestärken, dass die Eltern hier wirklich im Unrecht sind, und somit wäre das innere Kind „rehabilitiert").
2) Sie können auch als Erwachsener zu dem inneren Kind gehen und es beruhigen, weil Sie ja nun als der Mensch, der auf es aufpassen kann, da sind und ihm vermitteln, dass seine Situation nie wieder vorkommen wird, weil Sie immer für dieses Kind da sein und es nie wieder allein lassen werden.

Was tun, wenn Ihr inneres Kind z.B. zu hoch auf ein Klettergerüst gestiegen ist und allein nicht mehr herunterkommt?

In diesem Falle ist als Erstes dazu zu raten, mit dem inneren Kind einen Rollenwechsel vorzunehmen, um genau herauszubekommen, worin seine Wünsche liegen. Es könnte einerseits sein – was uns Erwachsenen immer als erster Gedanke kommt, aber nicht immer im Sinne des Kindes ist –, dass das Kind sofort von Ihnen heruntergehoben werden will. Wenn dies der Fall ist, sollten Sie es tun. Andererseits kommt es viel häufiger vor, dass ein Kind in dieser Situation Ihre Hilfe, Ihren Schutz und Ihre Anleitung haben möchte, um selbst von diesem Klettergerüst wieder herunterzukommen. Achten Sie auf diese eigenständigen Experimentierversuche Ihres inneren Kindes. Es ist für das Leben des Kindes sicherlich wesentlich wertvoller, wenn es sich zutraut, mit Ihrer Hilfe allein wieder langsam von diesem Klettergerüst herunterzusteigen, als wenn Sie es einfach von oben herunterheben und ihm die Möglichkeit, selbst wieder auf die Erde zurückzusteigen, über diesen Weg nehmen. Beachten Sie immer wieder dabei, dass Ihr inneres Kind lernen will und dass es nicht immer der Fall ist, dass Kinder den Schwierigkeiten unbedingt aus dem Weg gehen wollen, sondern es zeigt sich, dass meistens eher das Gegenteil der Fall ist. Kinder haben geradezu Spaß daran, mit schwierigen Dingen zurechtzukommen.

Was tun, wenn Ihr inneres Kind vor dem Einschlafen oder auch sonst eine ganz bestimmte Geschichte vorgelesen bekommen möchte?

Es ist nicht notwendig, dass Sie als Erwachsener den genauen Inhalt dieser Geschichte kennen, sondern es geht nur um den ungefähren Inhalt und vor allem um Ihre beruhigende Stimme, mit der Sie diese Geschichte vorlesen oder erzählen. Sollte es bei einer solchen Geschichte wirklich auf den Inhalt ankommen, wird Sie Ihr inneres Kind sofort unterbrechen, falls irgendetwas an dem Inhalt, den Sie erzählen, das Kind stört, weil es eine andere Erinnerung hat. Es wird Sie sofort unterbrechen und den Inhalt so korrigieren, wie es ihn in seiner Erinnerung hat.

Was tun, wenn das innere Kind z.B. als Achtjährige in einem Krankenhaus ist und keine Besuche bekommen darf?

Diese Situation war früher üblich und ist Gott sei Dank in den letzten Jahrzehnten von den Krankenhäusern verändert worden. Sie können hier z.B. einfach einmal in eine märchenhafte Fantasie hineingehen und Ihr inneres Kind täglich intensiv besuchen, wobei Sie sich einfach für andere unsichtbar machen. Erzählen Sie Ihrem inneren Kind, dass dies möglich ist und dass die anderen Sie nicht sehen können, aber Ihr inneres Kind schon. Und Sie werden sehen, dass diese märchenhafte Form Ihrem inneren Kind sicherlich auch Spaß macht. Dies ist allgemein eine Empfehlung, gehen Sie bei all dieser Arbeit, gerade wenn Sie eine normale Lösung nicht finden, ruhig in Märchenfantasien hinein. Zaubern Sie etwas für das Kind oder fliegen Sie mit einem fliegenden Teppich mit ihm irgendwohin, wo es sein möchte, usw. Lassen Sie Ihrer Fantasie freien Lauf, probieren Sie alles aus, das Ihnen spontan einfällt, Ihre Kreativität wird dadurch intensiv angeregt.

Was tun, wenn Ihr inneres Kind z.B. Angst hat, dass sein Vater ihm etwas antut, weil er dies mehrfach angedroht hat?

Beruhigen Sie das innere Kind. Teilen Sie ihm mit, dass der Vater nicht mehr da ist, dass es keine Angst mehr zu haben braucht, dass Sie es beschützen und dass Sie es auf keinen Fall mehr zulassen, dass irgendjemand – wer auch immer – es angreift oder ihm etwas antut.

Was tun, wenn z.B. Ihr inneres Kind beim geliebten Opa ist, der inzwischen gestorben ist und bei dem es z.B. im Alter von zwei bis sechs Jahren immer gelebt hat?

Gehen Sie ganz bewusst und intensiv in die Rolle des Kindes und bleiben Sie einfach lange Zeit darin. Schauen Sie sich den Opa an, genießen Sie ihn, hören Sie, was der Opa sagt, was er tut, und holen Sie einfach auf diese Weise das Bedürfnis nach, endlich einmal wieder mit dem Opa zusammen zu sein. Hier ist es überhaupt nicht wichtig, dass Sie als Erwachsener auftreten. Wichtig ist lediglich, dass Sie quasi als Erwachsener Ihrem inneren Kind diese Situation überhaupt ermöglicht haben, mit dem Opa wieder zusammen zu sein. Und Sie werden merken, dass gerade solche Situationen häufig eine besonders positive Form des Nachholens von Bedürfnissen sind, wenn Sie in der Situation des Kindes, das Sie einmal waren, wieder mit den Menschen zusammen sind, die Sie besonders lieb gehabt haben und die Ihnen oft für Ihr Leben entscheidend Positives vermittelt und mitgegeben haben. Sie können in solch einem Fall auch mehrere Tage hintereinander immer wieder das „Bild" vom Opa herstellen, um mit ihm als Kind wieder einmal zusammen zu sein. Es wird Ihnen gut tun!

Was tun, wenn man als Kind in eine Situation geraten ist, in der ein Erwachsener einem Gewalt antun wollte?

In diesem Fall tritt man als Erwachsener zwischen das Kind und den Gewalttäter, nach dem Motto: „Zu zweit sind wir stark und zwar stärker als ich als Erwachsener allein und du als Kind." Wenn nötig kann man in

Gedanken auch noch die Polizei als „Verstärkung“dazuholen.

Was tun, wenn man als Kind z.B. die Mutter oder den Vater wie ein wildes Tier auf einen zukommen sieht?

Dann gibt es in diesen Bildern eine ganz hervorragende Möglichkeit, etwas ganz Paradoxes zu tun, nämlich diesem bösen Vater oder dieser bösen Mutter ein ganz großes, ausladendes Buffet bereitzustellen, auf dem die wunderbarsten Speisen in fürs Auge herrlicher Form aufgereiht sind, und diesen Menschen dieses Buffet anzubieten. Es ist erstaunlich, mit welcher Gier sich manchmal solche „bösen Gestalten“ darauf stürzen und oft auch innerhalb von wenigen Minuten kahl fressen. Sollte dies der Fall sein, bauen Sie sofort noch einmal ein neues Buffet auf, und zwar wie ein Zauberer, der das einfach mit seinem Zauberstab bewerkstelligt. Sollte es sich nicht um böse Menschen, sondern z.B. um wilde Tiere handeln, die in so einem Bild auftauchen, ist dasselbe Prinzip möglich, nämlich dass man diesem Tier z.B. große Fleischbrocken in einer Riesenfülle hinschmeißt. Fast immer beruhigt sich dann das Tier, wird müde und schlaff und interessiert sich nicht mehr für das Kind. Mit einer „bösen“ Mutter oder einem „bösen“ Vater funktioniert das auf dieselbe Weise.

Was tun, wenn Sie als inneres Kind z.B. im Alter von zehn Jahren viel allein waren, aber gleichzeitig z.B. die Kühe zur Weide gebracht, Blumen gepflückt und sich in dieser Gegend wohl gefühlt haben?

Wenn solch eine Situation auftritt, bleiben Sie einfach als Kind in der Situation, genießen Sie es auch, ohne dass der Erwachsene hier irgendeine große Rolle spielt. Gehen Sie vor allem mit allen Sinnen, die Sie zur Verfügung haben, in dieses Bild hinein, riechen Sie, schauen Sie, hören Sie, tasten Sie die Blätter von den Pflanzen ab, streichen Sie der Kuh mit der Hand über den Rücken oder was immer Sie auch dort tun können, um Ihre Sinne anzuregen. Das wird Sie besonders tief in diese Bilder hineinbringen und Ihnen vor allem ermöglichen besonders intensiv von Bedürfnissen, die mit der Natur zu tun haben, nachzuholen.

Was tun, wenn mal eine Szene auftaucht, in der man sich als Kind etwas Schwereres zuschulden kommen ließ?

Beispiel: Ein Kind nahm die vier Jahre jüngere Schwester mit auf den Heuboden, um ihr etwas Verbotenes zu zeigen, mit dem Ergebnis, dass die Schwester vom Heuboden heruntergefallen ist und mit einem Schädelbasisbruch ins Krankenhaus gebracht wurde. Gott sei Dank hat dieses Kind im Nachhinein keine Folgeschäden davongetragen. Das Trauma bei dem inneren Kind liegt aber darin, dass sich kein Mensch in dieser Situation um es gekümmert hat, sondern sich natürlich alle um die Schwester dieses Kindes, damit diese ins Krankenhaus kam. Keiner sah damals, dass das „schuldige“ Kind natürlich schreckliche Angst hatte, was mit der Schwester nun passieren würde, und völlig in Panik geraten ist. Hier ist wieder notwendig, auf das Kind zuzugehen, einen Rollenwechsel mit ihm vorzunehmen und zu schauen, was es in dieser Situation braucht. Meistens braucht es einfach die Anwesenheit des Erwachsenen, der es z.B. in den Arm nimmt und beruhigt und dem Kind noch einmal vermittelt, dass es ja diese massiven Folgen nicht gewollt hat. Außerdem ist hier sicher wichtig, mit dem Kind durchzusprechen, was es denn aus der Situation für sich lernen kann, hier z.B., dass es in Zukunft nicht mehr auf den Heuboden geht.

Was tun, wenn man als Kind in dem inneren Bild das Gefühl hat, sich in einem tiefen dunklen Loch aufzuhalten?

Hier ist wichtig, dass man als Erwachsener zu diesem Kind geht und ihm mitteilt, dass wenn es in dieses tiefe Loch hineingekommen ist es auch wieder herauskommen kann. Beruhigen Sie das Kind zunächst, um sich dann gemeinsam mit ihm z.B. auf den Boden zu setzen, den Fußboden mit den Händen genau abzutasten und die Wände abzutasten. Suchen Sie dann nach einer Tür oder einem Türgriff. Während man so den vorgestellten Raum abtastet, ist es immer so, dass irgendwann eine Lichtquelle von oben z.B. durch ein Fenster wieder auftaucht und man dann meistens ganz problemlos aus diesem dunklen Loch wieder herauskommt.

Was braucht Ihr inneres Kind?

Neun Punkte, die wichtig für das Wohlbefinden Ihres inneren Kindes sind:

1. Geborgenheit (bei ihm sein)
2. Zuwendung
3. Wahres Interesse
4. Anerkennung und Lob
5. Strenge
6. Ermutigung
7. Ihm etwas zutrauen
8. Ihm versichern, dass alles Schreckliche vorbei ist, das es früher erlebt hat, und dass es nie wieder allein sein wird
9. L I E B E

Fragen, die man *nicht* an das innere Kind stellen sollte

Stellen Sie auf keinen Fall Oder-Fragen an das Kind. Richten Sie immer nur eine einfache Frage an das Kind. Stellen Sie ihm nicht zwei Auswahlmöglichkeiten durch eine Oder-Frage, denn das würde dem Kind die Antwort oft erheblich erschweren und es vor allem verwirren. Viel besser sind unverfängliche Fragen wie z.B.: „Was möchtest Du?" oder: „Wie geht es dir denn im Moment?"

Es kann z.B. sein, dass Ihrem inneren Kind die Frage „Wie schmeckt's dir?", wenn es gerade etwas isst, gar nicht gefällt, und Sie als Erwachsener können das vielleicht nicht verstehen. Dann machen Sie wie üblich einen Rollenwechsel und schauen, was da los ist. Es kann sein, dass Ihre Mutter es früher, als Sie Kind waren, immer sehr persönlich genommen hat und beleidigt war, wenn Ihnen irgendetwas, das sie gekocht hat, nicht geschmeckt hat. In diesem Fall wäre wichtig, als Erwachsener dem inneren Kind mitzuteilen, dass es immer für sich prüfen soll, ob ihm das Essen schmeckt oder nicht. Bringen Sie dabei Ihrem inneren Kind durchaus auch bei, dass es dankbar sein sollte dafür, dass es etwas zu essen hat, dass es aber andererseits Dinge, die es z.B. nicht verträgt – Kinder wissen und spüren das meistens wesentlich besser als Erwachsene –, auf keinen Fall zu sich nehmen soll. Für mich ist Brotsuppe und Lunge ein absoluter Alptraum, weil ich das im Internat sechs Jahre lang alle 14 Tage vorgesetzt bekam und mir damals schon immer daraufhin schlecht wurde. Mir ist andererseits aber völlig klar, dass wenn ich in Notzeiten leben würde und es nur diese beiden Dinge zu essen gäbe, ich sicherlich dankbar dafür sein würde, dass ich wenigstens das bekommen kann. In diesem Sinne können Sie z.B. mit Ihrem innerem Kind reden, wenn Sie das möchten.

Kapitel 9

Beispiele zur Protokollführung

Empfohlene Protokollierungsformen der ersten drei Wochen, die man täglich mit dem inneren Kind arbeitet: Ich empfehle jedem von Ihnen, vor allem in diesen ersten Wochen, täglich ein Kurzprotokoll anzufertigen, in dem Sie das Datum des jeweiligen Tages aufschreiben, wie alt Sie als Kind in der Szene waren, und ein paar kurze Stichpunkte, was in der jeweiligen Szene passiert ist. Ein Beispiel mag Ihnen dies veranschaulichen.

Protokoll von Andrea (34 Jahre, verheiratet und Mutter von drei kleinen Kindern)

1. Bild (12.6.1997)

Das Kind kommt mir im Park entgegen. Es ist elf bis zwölf Jahre alt und hat ein weißes T-Shirt, Jeans und Holzpantoffeln (Clogs) an. Es spielt mit mir nach einiger Zeit Federball. Es fühlt sich etwas beklommen, weil es mich ja noch kaum kennt. Es will eine Pause machen. Ich spiele ein bisschen in der Rolle der Erwachsenen allein weiter und verabschiede mich dann.

Es ist Sommer und die Sonne scheint.

2. Bild (13.6.1997)

Wie gestern. Das Kind will mir zuerst die Hand geben, ist dann aber doch zurückhaltend. Wir gehen durch den Park. Ich befrage es ein bisschen über sein Leben und ob es gerne zur Schule geht. – Mir kommen Gedanken an die Schule, als ich als Zwölfjährige eine neue Freundin hatte, mit der mich eine jahrelange Freundschaft verband.

Das Kind will dann gehen.

3. Bild (14.6.1997)

(Information zum realen Leben: Das Wochenende verbrachte ich mit viel Social-Life).

Das Kind im Alter von fünf Jahren sitzt neben dem Kamin und schmollt. Ich frage in der Rolle der Erwachsenen, was es hat. Es schmollt weiter. Es will allein sein und sagt nicht, was es hat.

4. Bild (15.6.1997)

Das Kind (elf Jahre alt) kommt mir mit Jeanskleid und Clogs im Park entgegen. Wir spazieren ein bisschen, es will mir nicht zu nahe kommen. Ich frage, ob es gerne in die Schule geht. Das Kind hat ein flaues Gefühl im Magen, aber es führt mich zur Schule und zeigt mir sein Klassenzimmer.

Ich verabschiede mich wieder.

5. Bild (16.6.1997)

Das Kind ist wieder elf Jahre alt und hüpft mir in Jeans und T-Shirt im Sommer entgegen. Wir gehen zur Schule. Ich stelle mich ins Klassenzimmer (mache mich unsichtbar). Das Kind will nicht, dass ich nahe bei ihm stehe. Ich schaue nur zu.

6. und 7. Bild (17.6. und 18.6.1997)

Ich bin dabei zweimal eingeschlafen, habe das Kind nur noch gesehen, als es wieder zur Schule wollte, seinen kurzen Rock und ein Hemdchen anhatte, und mir fällt noch ein, dass es mir immer noch nicht die Hand geben wollte.

Eine Kurzform, die für Sie auch vollkommen ausreichen kann, aber Ihnen einfach wieder in Erinnerung bringen kann, welche Bilder Sie gesehen haben, könnte in Bezug auf das, was Sie gerade von Andrea gelesen haben, z.B. auch so ausschauen:

12.6.1997

Kind, elf bis zwölf Jahre. Wir spielen Federball. Kind fühlt sich noch beklommen.

13.6.1997

Kind zurückhaltend, wir gehen durch den Park. Frage nach Schule.

14.6.1997

Kind, fünf Jahre, schmollt neben dem Kamin und will allein sein.

15.6.1997

Kind, elf Jahre. Wir gehen im Park spazieren. Kind bringt mich zur Schule.

16.6.1997

Kind, elf Jahre, Schule, ich als Erwachsene im Klassenzimmer unsichtbar.

17.6. und 18.6.1997

Zweimal dabei eingeschlafen. Kind wollte wieder zur Schule.

Wichtig ist eigentlich in allererster Linie nur, dass Sie ein Stichwort haben. Diese inneren Bilder vergisst man nicht so leicht und wenn Sie einen Stichpunkt zu der jeweiligen Szene aufgeschrieben haben, werden Sie sich mit ganz großer Sicherheit später auch an die genauere Szene gut erinnern. Die Bilder prägen sich nach der Erfahrung doch sehr intensiv ein.

Je genauer Sie allerdings Ihre Erlebnisse anschließend aufschreiben, desto mehr verarbeiten Sie die Situation, die Sie in Ihren inneren Bildern gerade erlebt haben. Wer Lust hat, solche Szenen auch einmal zu malen (ohne künstlerischen Anspruch!), dem sei dies ebenfalls sehr empfohlen, da bei diesen Bildern häufig auch eine ganz starke Entwicklung zu sehen ist und auch das „Abmalen“ dieser gerade innerlich „gesehenen“ Bilder sehr zur Heilung beiträgt.

Drei-Wochen-Protokoll von Barbara (46 Jahre)

Barbara hat die folgenden Protokolle alle auf Tonband aufgenommen, um den genauen Wortlaut, die Tonlage sowie den stimmlichen Auszug der Dialoge für sich festzuhalten. Den genauen Wortlaut geben die Protokolle wieder, während die Intonation und Stimmlage nicht zur Verfügung stehen. Barbara erzählt aber, dass es eine spannende Sache gewesen sei, ihr inneres Kind auch mit einer anderen Stimme zu hören, als sie als Erwachsene gesprochen hat. Anfangs habe sie das recht befremdet, doch im Laufe der Kontakte wurde ihr die Stimme des inneren Kindes immer vertrauter. Wenn Sie, liebe Leser, also z.B. auch gerne hören wollen, wie die Stimme Ihres inneren Kindes klingt, dann empfehle ich Ihnen, es wie Barbara zu machen, nämlich das Ganze, das Sie in Ihren inneren Bildern sehen und erleben, auf Tonband aufzunehmen und entsprechend laut auszusprechen, um es sich dann noch einmal anhören zu können. Dies ist aber nicht der übliche Weg. Der übliche Weg ist, dass man diese Bilder im Stillen fantasiert, entsprechend damit umgeht und die jeweiligen Stimmen des inneren Kindes wie auch des Erwachsenen gedanklich, also innerlich, hört, und nicht laut.

Protokoll vom 20.4.1997, 25 Minuten

Mein inneres Kind sitzt an einem Sommertag auf einer Mülltonne im Kelleraufgang zum Hinterhof. Die Sonne scheint. Die Tür zur Waschküche ist geöffnet. Barbara ist dabei, die Wäsche der Familie zu waschen. Alle drei Wochen stehen zwei Tage Waschen an. Da es keine automatische Waschmaschine gibt, ist viel Arbeit von Hand gefordert.

Barbara sitzt gebeugt über einer Strickarbeit, die nur wenige Zentimeter hoch ist. Sie trägt ihr Haar zu zwei Zöpfen geflochten. Der Pony ist zu kurz, was die Folge der Haarschneidekunst des Vaters ist.

Barbara ist zwölf Jahre alt. Sie trägt eine Baumwollschürze, die vorn von Wäschelauge durchnässt ist. Ihre Hände halten verkrampft das Strickzeug, sie sind vom

Wasser aufgequollen. Das Kind wirkt auf mich sehr angestrengt.

B. als Erw.: „Hallo Barbara! Oder möchtest du lieber Bärbel genannt werden?"

B. als Kind blickt kurz auf, schaut aber sofort wieder auf ihre Strickarbeit und strengt sich weiter an.

B. als Erw.: „Dieses Stricken strengt dich wohl sehr an?" Die Kleine schielt die Große von der Seite an. Ich schlüpfe in das Kind. Es gelingt mir schnell und problemlos.

B. als Kind denkt: Da ist sie wieder. Komisch, ich seh' immer nur ihre Beine und den Rock und Pulli. Ihr Gesicht kann ich gar nicht erkennen.

B. als Erw.: Ich trete näher an die Kleine heran. Sie rührt mich so an, wie sie über dem Strickzeug sitzt und mit verkrampften Fingern strickt. Ich wechsle die Rollen.

B. als Kind denkt: „Komisch, jetzt ist sie mir ganz nah, aber es ist ein gutes Gefühl. Obwohl ich merke, dass sie mich beobachtet, fühle ich mich wohl. Wenn bloß dieses dumme Stricken nicht wäre. Es ist so schwer und strengt mich wirklich sehr an."

B. als Erw.: „Darf ich mich neben dich setzen?"

B. als Kind nickt, blickt nur kurz auf.

B. als Erw.: „Wie geht es dir denn mit dieser vielen Wäsche und mit deinem Strickzeug? Ich kann mir vorstellen, dass du bei dem schönen Wetter auch lieber etwas anderes tun würdest."

B. als Kind: „Ach, mit der Wäsche ist das schon o.k., aber dieses blöde Stricken. Ich kann es nicht so gut und es strengt mich so sehr an und außerdem hasse ich es. Aber morgen in der Schule muss ich es vorzeigen und dann werd' ich wieder ausgeschimpft von der blöden Walter und bekomme bestimmt wieder eine geknallt oder alle lachen mich aus. Ich hab' richtig Angst vor morgen."

B. als Erw.: „Kann ich dir denn irgendwie helfen?"

B. als Kind: „Ich weiß nicht."

B. als Erw.: „Was meinst du, was dir helfen würde, was würdest du am liebsten jetzt in diesem Moment haben?“

B. als Kind: „Am liebsten würde ich mal die Treppe hoch rennen in die Sonne auf die Wiese und die Wäsche herunterziehen. Aber ich muss ja stricken und außerdem bekäme ich Ärger mit Mama und Papa.“

B. als Erw.: „Ich würde dir gerne helfen.“

B. als Kind zögernd: „Würdest du etwas für mich stricken, dann würd’ ich nur mal ganz kurz über die Wiese in die Sonne rennen, so kurz, dass mich keiner sieht.“

B. als Erw.: „Ja gerne, lauf nur.“

Mir kommen vor Rührung die Tränen, die Kleine tut mir Leid. Ich bin erschüttert von dieser Einsamkeit und ihrem so bescheidenen Wunsch.

B. als Kind springt die Treppe hoch und ruft mir zu: „Ach, komm doch mit bis an die Treppe oben, dann kannst du mich sehen und ich dich auch.“

B. als Erw.: „Ja, das mache ich. Ich werde dabei weiterstricken, damit du morgen ein großes Stück zeigen kannst.“

Das Kind hüpft freudig über die Wiese unter der Wäsche hindurch. Der Spaß ist ihm deutlich anzusehen. Kurz darauf kommt es zu mir gelaufen.

B. als Kind: „Es hat mich keiner gesehen. Kommst du wieder mit runter auf die Mülltonne, ich muss die nächste Wäsche waschen und (zögernd) würdest du noch etwas für mich stricken?“

B. als Erw.: „Ja, natürlich bleib’ ich noch bei dir, wenn du magst und stricke auch noch ein wenig.“

Die Szene rückt weg.

Protokoll vom 21.4.1997, 30 Minuten

Ich treffe meine Kleine heute erst nach langer Suche. Ich bin sehr angespannt. Viele Gedanken ziehen vorbei. Endlich nach nochmaliger Konzentration auf die Ruheformel erscheint mein inneres Kind im Alter von sechs Jahren in der Wohnküche am Küchentisch sitzend, die Hausaufgaben machend.

Sie trägt ihr Haar zu einem Dutt hochgesteckt. Sie ist so klein, dass ihre Beine keinen Kontakt mit dem Fußboden haben. Sie sitzt gebeugt über ihrer Tafel mit einem Griffel in der Hand. Die erwachsene Barbara steht mitten im Raum und schaut ihrer Kleinen zu."

B. als Kind denkt: „Da ist sie ja wieder, schon wieder steht sie auf einmal da. Gerade konnte ich für einen kurzen Moment ihr Gesicht erkennen. Aber nur ganz kurz."

B. als Erw. denkt: „Sie schielt kurz herüber und schaut sofort wieder weg. Ich find' sie süß, wie sie unter ihrem Pony hervorschielt."
„Hallo Barbara, hier bin ich wieder. Oder soll ich dich Bärbel nennen?"

B. als Kind: „Ich weiß nicht. Meistens werde ich Bärbel genannt, obwohl Mama und Papa sagen, mein Name wäre Barbara. Eigentlich mag ich Barbara lieber."

B. als Erw.: (der Rollenwechsel klappt problemlos): „Na, dann möchte ich dich mit dem Namen ansprechen, der dir der liebste ist. Ist dir das recht?"

B. als Kind: „Ja, das ist gut."

B. als Erw.: „Wie ich sehe, machst du gerade deine Hausaufgaben."

B. als Kind: „Ich muss für die Schule schreiben, aber es ist so schwer. Aber ich kann das schon, guck mal. EI … und HASE … AMEISE … Und immer eine ganze Reihe auf der Tafel AMEISE … AMEISE … AMEISE … Mit Ameise habe ich die Reihe ganz schnell voll. Aber mit Ei dauert es so lange. Das muss man so oft schreiben. Ich muss sauber schreiben, sonst schimpft Papa und wischt mir die ganze Tafel wieder aus. Und erst muss ich mit dem Griffel auf die Tafel schreiben und dann ins Heft und ich möchte so gerne raus, spielen."

B. als Erw.: „Ich höre, dass du gerne rausgehen willst, andererseits habe ich das Gefühl, dass es dir aber auch ein wenig Spaß macht, und ich sehe, dass du dir ganz viel Mühe gibst."

B. als Kind: „Ja, ich mach's eigentlich auch ganz gerne. Aber ich geh' nicht gerne in die Schule und hab' auch immer Angst, wenn der Papa die Hausaufgaben nachsieht. Die Lehrerin ist nicht lieb. Das hat auch Papa gesagt, ich muss mehr üben. Manchmal krieg' ich die Buchstaben nicht so schön hin und dann meckert sie. Und ich find' das so schlimm."

B. als Erw.: „Ich find' aber, dass du das recht ordentlich machst, und ich sehe auch, wie viel Mühe du dir gibst."

B. als Kind: „Ja, aber der Papa findet das nicht. Er sagt immer, das ist noch nicht gut genug … aber jetzt bin ich mit dieser Reihe fertig (sie sagt dies sehr angestrengt) und dann muss ich noch bis unten die Tafel vollschreiben und auf der anderen Seite muss ich noch Rechnen machen, puh, das ist so viel. Aber Rechnen hab' ich gerne, das geht schnell."

B. als Erw.: „So, nun bist du fast fertig. Ich find' es auch in Ordnung, was meinst du?"

B. als Kind: „Ich ja, aber der Papa, der wischt mir alles wieder aus, weil hier etwas verwischt ist." Die Kleine wirkt verzweifelt.

B. als Erw.: „Kann ich dir denn irgendwie helfen?"

B. als Kind: „Ich weiß nicht, ich hab' mir solche Mühe gegeben und trotzdem wird Papa mich alles noch mal schreiben lassen." Die Kleine beginnt zu weinen.

B. als Erw.: „Was brauchst du denn, um deine Aufgaben so zu haben, dass es o.k. ist, auch für den Papa?"

B. als Kind: „Oh, ich möchte einmal eine ganze Seite schön geschrieben haben ohne Schmierer."

B. als Erw.: „Kann ich dir dabei behilflich sein?"

B. als Kind: „Kannst du mir die Hand führen, sodass das ganz schön wird, kannst du das mit mir machen?" Die Kleine stellt diese Frage fast zögernd, fast ängstlich.

B. als Erw.: „Ja sicher, das kann ich gerne tun."
Ich nehme die kleine Hand und führe sie schreibend über die Tafel.

B. als Kind: „Es ist schön, meine Hand in deiner Hand zu fühlen. Es ist so sauber, was wir schreiben, und strengt überhaupt nicht an. Und es ist schön, wenn du hier bei mir sitzt."

B. als Erw.: „Schau, und schon sind wir fertig. Nun kannst du spielen gehen. Ich werde dich morgen wieder besuchen, wenn du magst."

B. als Kind: „Oh ja!"

Die Szene rückt weg.

Protokoll vom 22.4.1997, 20 Minuten

Ich begegne meinem inneren Kind beim Einkaufen in einem Geschäft. Die Kleine ist sechs Jahre alt. Sie trägt einen Pagenschnitt, einen Rock, Kniestrümpfe und einen hellen Pulli. Sie ist mit ihrem Roller unterwegs, den sie momentan draußen abgestellt hat.

Sie steht an der Kasse und will gerade bezahlen. Sie sucht verzweifelt und verstört ihr Portmonee.

Ich trete an sie heran.

B. als Erw.: „Hallo Barbara!"

B. als Kind mit verstörtem Gesicht: „Ich hab' das Geld verloren, da waren 50 Mark drin (zeigt der Erwachsenen die leere Tasche). Ich hab' das ganze Geld verloren. Mama und Papa haben kein Geld. Mama hat sich

das schon geliehen und jetzt hab‘ ich das auch noch verloren!"
Sie ist den Tränen nahe.

B. als Kind: „Das war hier in meinem Marienkäferportemonee.“

B. als Erw.: „Komm, lass’ uns mal gemeinsam nachschauen. Wir sehen jetzt mal ganz in Ruhe nach, ob es sich vielleicht an die Seite geschoben hat.“

B. als Kind: „Das Portmonee ist weg, das ganze Geld. 50 Mark. Papa und Mama werden total traurig sein (weinend). Ich hab’ es verloren, ich hab’ es verloren, ich hab‘ das ganze Geld verloren (weint immer heftiger). Wir haben doch so wenig Geld.“

B. als Erw.: „Komm mal, meine Kleine. Kann ich dir helfen?“

B. als Kind weint und schluchzt.

B. als Erw.: „Du, ich möchte dir helfen, erlaubst du mir das?“

B. als Kind: „Ja, ich kann jetzt nicht bezahlen und die geben mir ja die Sachen nicht und dann haben wir nichts aufs Brot und auch die anderen Sachen fehlen. Und jetzt muss ich so nach Hause gehen. Mama und Papa werden mich nicht bestrafen, aber die Sorgen, die sie damit haben, sind viel schlimmer als schimpfen.“

B. als Erw.: „Komm mal her, komm mal zu mir. Es ist schlimm, dass du das Geld verloren hast, das ist wirklich schlimm. Aber es ist passiert und du hast es doch nicht gewollt. Ich werde bei dir sein und werde für dich da sein. Kleines Mädchen … wie könnte ich dir denn helfen?“

B. als Kind nach längerem Überlegen: „Dass wir was zu essen haben, auch wenn ich das Geld verloren habe, aber ich hab’ ja schon gesucht, es ist weg und …“ (weint wieder stärker).

B. als Erw.: „Komm, lass uns mal rausgehen. Was meinst du, kann ich tun?“

B. als Kind: „Kannst du mir Wurst und Käse und die anderen Sachen kaufen, damit wir was zu essen haben, … bitte … bitte …, Weil ich alles verloren habe, bekommt keiner was zu essen, und Papa verdient doch so wenig und wir sind doch so viele zu Hause und dann weiß die Mama auch keinen Rat.“

B. als Erw.: „Komm, wir kaufen jetzt gemeinsam alles noch mal ein und ich werde das bezahlen und dann fährst du mit deinem Roller nach Hause.“
Wir kaufen jetzt die Dinge. Ich bezahle sie.

B. als Kind: „Das ist ganz viel Wurst und Käse …“ (lacht unter Tränen).

B. als Erw.: „So, nun haben wir alles gekauft und jetzt schieb ich dich noch ein kleines Stück mit dem Roller und dann verabschiede ich mich bis morgen.“

B. als Kind: „Aber erzähl' keinem, dass ich das Geld verloren hab'. Dann braucht keiner traurig zu sein und es ist dann gar nicht schlimm, dass ich das Geld verloren habe. Und jetzt haben wir genug zum Essen … (sie lacht glücklich). Und ich werde dann sagen, dass ich mein schönes Marienkäferportmonee verloren habe, aber das Geld nicht …, Es ist schön, wenn du mich schiebst, und es ist so lieb, dass du mir geholfen hast … Danke.“

B. als Erw.: „Tschüss meine Kleine, ich komme morgen wieder.“

Ich lasse die Szene weggleiten.

Protokoll vom 23.4.1997, 25 Minuten

Ich begegne meinem inneren Kind (ca. sechs Jahre alt, Zöpfe, Röckchen, Strickjacke) in dem Eingang zu einer Schusterwerkstatt. Die Kleine steht hinter der Tür ängstlich um die Ecke schauend. Sie trägt eine Tasche, in der reparierte Herrenschuhe stecken. Es ist Herbst und es regnet leicht.

B. als Erw.: „Hallo Kleines, was ist denn, willst du nicht nach Hause gehen, warum stehst du denn hier im Flur und schaust immer um die Ecke? Traust du dich nicht raus?“

B. als Kind: „Hallo, ich wag’ mich hier nicht raus, weil die beiden Schuster-Mädels und die Kaufmannstochter hier immer auf mich warten. Immer, wenn ich aus der Stadt komme und hier vorbei muss, kommen sie und ziehen mich an den Zöpfen und hauen mich. Dabei hab’ ich ihnen überhaupt nichts getan. Hast du gesehen, sie stehen im Flur nebenan und warten auf mich.“

B. als Erw.: „Kann ich irgendetwas für dich tun?“

B. als Kind: „Ja, kannst du mich an die Hand nehmen und mit mir an denen vorbeigehen? Wenn die dann sehen, dass du bei mir bist, dann verhauen sie mich nicht, weil sie sehen, dass du ganz groß und stark bist. Dann haben sie nämlich Angst.“

B. als Erw.: „Na sicher kann ich das machen. Wollen wir dann gehen? Willst du meine Hand oder möchtest du so gehen?“

B. als Kind: „Kann ich deine Hand nehmen? Die Tasche ist immer so schwer, kannst du sie mir mal ein kleines Stückchen tragen?“

B. als Erw.: „Aber sicher, gib sie mir. Mit der einen Hand fasse ich dich an und mit der anderen trage ich die Tasche.“

B. als Kind: „Siehste, da sind sie. Guck’ mal, wie sie an dem Türspalt glotzen.“

Die Kleine streckt die Zunge heraus und untermalt es mit einem entsprechenden Nä Nä Nä Nä Nä … Sie wiederholt es gleich noch ein zweites Mal. Sie fühlt sich sicher und stark. Wir gehen an den beiden vorbei, die Kleine hält meine Hand fest.

B. als Kind: „Siehste, zu wem die beiden hinrennen? Das ist die blöde Kaufmannstochter, die ist so groß und stark und jedesmal wenn ich hier vorbeikomme, verhaut die mich, obwohl ich gar nichts gemacht habe. Nur weil ich Sommersprossen und so rote Haare habe und weil die meinen, ich bin hässlich, und dann sagen sie immer, ich bin dumm und blöd. Am liebsten würde ich die mal ganz doll vors Schienbein treten und ihnen so wehtun wie die mir, damit die mich nie mehr verhauen, damit denen das auch mal weh tut. Blöde Ziegen, die …!“ (und zu den Mädchen gewandt): „Blöde Ziege … blöde Ziege … ihr seid alle drei gaaanz blöd. Und lasst mich bloß in Ruhe, ich komme jetzt jeden Tag und nie mehr allein …“ (Zu mir gewandt leise): „Kommst du jetzt immer mit mir, wenn ich hier vorbei muss, sodass sie mir nichts tun können?“

B. als Erw.: „Ich komme jetzt jedesmal, wenn du hier vorbei musst, so lange, bis du so stark bist, dass du dich wehren kannst, damit du nicht mehr verhauen wirst.“

B. als Kind seufzt: „Das wäre schön, das wäre sooo schön. Denn Mama und Papa sagen immer, ich soll mich wehren, und ich trau’ mich nicht, weil die viel stärker sind und in der Überzahl und zwei halten mich immer fest und die andere haut mich oder zieht mich an den Zöpfen und dann wechseln sie sich ab. Darum hab‘ ich auch immer Angst vor denen und auch Angst vor zu Hause, weil Mama und Papa sagen, wenn ich mich nicht wehre, bin ich selbst schuld. Aber das trau’ ich mich einfach nicht.“

B. als Erw.: „Jetzt brauchst du keine Angst mehr zu haben. Ich werde jetzt jedesmal bei dir sein und aufpassen, dass sie dich nicht verhauen können.“

B. als Kind lächelt: „Das ist schön, dass du da bist. Bringst du mich noch bis zum Spielplatz, damit dich keiner sieht? Mama und Papa, keiner soll dich sehen, nur ich. Und morgen kommst du bestimmt wieder?“

B. als Erw.: „Ja, bis zum Spielplatz und nun Tschüss bis morgen.“

Protokoll vom 24.4.1997, 15 Minuten

Ich treffe meine Kleine bei einer Geburtstagsfeier einer Schulfreundin. Es sind noch fünf andere Mädchen da. Die Kinder sitzen am geschmückten Kaffeetisch. Ein lustiges Geschnatter erfüllt den Raum, wobei Barbara eher ruhig ist. Sie sitzt, da sie die Größte, wenn auch die Jüngste (sechs Jahre) ist, auf dem viel zu niedrigen Sofa. Sie hat Mühe, an ihren Teller zu gelangen, ohne zu krümeln.

Barbara hat einen Pferdeschwanz und trägt das gleiche Pepitakleid, das sie zur Einschulung getragen hat. Sie ist richtig hübsch.

Ich setze mich auf die Lehne des Sofas direkt neben meine Kleine.

B. als Erw.: „Hallo Barbara!"

B. als Kind: „Hallo …, da bist du ja wieder. Guck' mal, ist das nicht schön hier? Wir feiern Monikas Geburtstag. Sie hat ganz viele Geschenke bekommen und jetzt trinken wir Kakao und essen Kuchen. Der ist lecker."

B. als Erw.: „Das ist ja toll, aber ich hab' das Gefühl, du sitzt nicht so gut hier auf dem Sofa."

B. als Kind: „Nee, das ist so blöd, das ist hier so tief und ich stoße mit meinem Kinn bald an den Tisch, obwohl sie mir schon Kissen zum Draufsitzen gegeben haben. Aber ich rutsche immer wieder weg. Und dann muss ich aufpassen, dass ich nicht kleckere, weil das hier so wackelig ist, und dann hab' ich Angst, die Tischdecke zu bekleckern, denn dann schäme ich mich so sehr."

B. als Erw.: „Das kann ich verstehen, dass du dich dabei unwohl fühlst. Kann ich dir denn irgendwie helfen, damit du dich etwas besser fühlen kannst?"

B. als Kind: „Es ist schön, dass du da bist, vor allem, dass die anderen dich gar nicht sehen können. Ich will auch nicht, dass die anderen dich sehen können. Du sollst unsichtbar sein. Aber das ist so ein schönes Gefühl, wenn du hier bei mir sitzt. Da fühle ich mich viel sicherer."

B. als Erw.: „Ich find' es auch schön, dass ich hier bei dir bin. Und es ist auch gut, dass die anderen mich nicht sehen, denn so kann ich dir ganz nah sein und kann für dich immer da sein, wenn du mich brauchst."

B. als Kind: „Ja, und die anderen merken nichts und ich fühle mich dann gar nicht allein. Kannst du mir mal helfen, damit ich nicht runterrutsche, dann kann ich besser essen. Wenn ich trinken will, muss ich nämlich den Tisch loslassen und dann rutsche ich immer hier runter und kann nicht trinken."

B. als Erw.: „Ja, ich halte dich fest. So halte ich dich und dann kannst du deinen Kuchen essen und auch besser trinken. Wenn du willst, kann ich dich auch gerne auf meinen Schoß nehmen. Da kannst du dann auch bequemer sitzen."

B. als Kind: „Nee, das ist schon gut so. Das Sofa ist so tief und dann sitzt du auch so tief und dann sitze ich ja ganz oben auf deinen Knien und dann wackelt das so und dann wackle ich auch."

B. als Erw.: „Wenn das so mit dem Festhalten gut ist, dann ist das auch für mich so o.k., es war nur eine Idee von mir."

B. als Kind: „Ja, wenn du mich hältst, ist das schon gut. So kann ich gut sitzen und sonst würden dich auch die andern sehen."

Die Kleine isst ihren Kuchen und trinkt, ohne zu kleckern, ihren Kakao. Als die Kinder fertig sind, sagt sie zu mir:

B. als Kind: „So, du kannst jetzt gehen, ich kann jetzt schon allein. Danke, kommst du wieder?"

B. als Erw.: „Ja sicher komm ich wieder."

Die Szene schiebt sich weg.

Protokoll vom 25.4.1997, 25 Minuten

Situation: Die Kleine liegt im Bett, in dem Kinderzimmer, das sie mit ihren beiden Schwestern und einer Cousine teilt. Das Kind ist acht Jahre alt. Es liegt wach in seinem Bett und lauscht auf jedes Geräusch. Die beiden jüngeren Schwestern schlafen, die erwachsene Cousine ist ausgegangen. Sie wartet auf ihren Papa. Es ist Freitagabend und der Papa kommt in der Regel freitags spät und betrunken nach Hause. Die Kleine hat Angst.

Ich schlüpfe in die Rolle des Kindes. Es gelingt mir augenblicklich ohne Schwierigkeiten. Ich spüre die Anspannung und lausche wie gelähmt auf die Geräusche, die an meine Ohren gelangen. Meine Gedanken kreisen nur um eins: Hoffentlich kommt Papa bald nach Hause. Mama sitzt im Wohnzimmer allein und wartet auf ihn. Ich habe Angst.

Ich schlüpfe in die Erwachsene.

B. als Erw.: „Barbara, ich bin da, ich bin wieder da. Kannst du mich hören?"

B. *als Kind:* „Ja, ich höre dich, wo bist du? Kommst du zu mir ins Bet?"

B. als Erw.: „Ja, meine Kleine, hier bin ich. Wie fühlst du dich denn?"

Ich nehme ihre Hand und streichle ihre Stirn. Ich spüre ihre Anspannung.

B. als Kind: „Ich fühle mich schlecht, ich habe Angst. Es ist so komisch, ich habe Angst, dass der Papa kommt, denn dann gibt es wieder Streit, und ich habe Angst, dass er nicht kommt, weil ich dann denke, dass ihm was passiert ist." (Sie beginnt zu weinen)

B. als Erw.: „Komm mal, mein kleines Mädchen, komm zu mir in den Arm, ich lass' dich nicht allein, ich bin jetzt da und bleibe bei dir."

Ich schlüpfe ins Bett. Ich nehme die Kleine in meine Arme. Sie kuschelt sich in mich hinein. Ihr Weinen wird heftiger.

B. als Erw.: „Ich verstehe deine Angst, das muss ganz schlimm für dich sein. Es tut mir so Leid, dass du so lange allein damit fertig werden musstest, aber nun bin ich da und ich lass' dich nie mehr allein. Es tut mir so Leid, mein Liebling. Ich schäme mich, dass ich dich damit so lange allein gelassen habe."
Ich streichle die Kleine und wiege sie in meinen Armen. Das Weinen wird schwächer, sie beruhigt sich.

B. als Kind: „Kommt der Papa bald, weißt du, ob mein Papa bald kommt? Die Mama ist immer so allein. Und dann ist sie immer so traurig und ich kann das nicht haben, wenn sie so traurig ist und weint, weil der Papa immer so viel trinkt. Und wenn der Papa kommt, streiten sie sich und die Mama schreit den Papa dann immer an und sagt, dass der Papa sich gleich totsaufen soll, und dann habe ich solch eine fürchterliche Angst, weil ich denke, der Papa stirbt, weil er doch so herzkrank ist. Ich hab solche Angst, dass der Papa stirbt ..."
(Das Weinen wird heftiger.)

B. als Erw.: „Mein Liebes, ich werde bei dir bleiben, es wird alles gut ... Ich werde dich nie mehr verlassen."
Ich wiege und streichle die Kleine, bis sie in meinen Armen eingeschlafen ist.

Die Szene rückt weg.

Protokoll vom 26.4.1997, 5 Minuten

Ich habe sofort das Bild von gestern vor meinem inneren Auge und es bleibt unverrückbar. Ich knüpfe an die Szene von gestern an.

Die Kleine liegt im Bett neben mir. Sie liegt ganz dicht an mich gekuschelt und will nichts anderes als die Nähe, die Geborgenheit, die Wärme und das Gefühl, nicht allein zu sein. Ich streichle sie. Sie ist weder wach noch schläft sie.

Ich schlüpfe in das Kind.

B. als Kind: „Es ist so schön bei dir im Arm. Es ist so kuschelig und ich fühle mich gar nicht mehr allein. Auch die Angst wegen Papa ist nicht mehr so groß. Du bleibst doch bei mir?“

B. als Erw.: „Ja sicher, ich bleib so lange du willst.“

B. als Kind: „Bleib bei mir bis morgen, bis ich wach bin, ja?“

Die Kleine ist so müde, sie kuschelt sich ganz dicht an mich. Ich streichle sie und spüre ihren kleinen warmen Körper. Es ist schön, sie zu spüren. Ein warmes Gefühl durchströmt mich mit einer Kraft, die ich kaum in Worte fassen kann.

Die Szene rückt weg.

Protokoll vom 27.4.1997, 25 Minuten

Situation: Ich sehe die kleine Barbara am Küchenfenster stehen und hinausschauen. Das Fenster ist auf Kippe und das Kind reckt sich, um etwas sehen zu können. Sie ist acht Jahre alt. Es ist Herbst und es regnet. Es ist Abend und bereits dunkel. In der Küche sind noch die beiden jüngeren Schwestern und ein Bruder. Die Kinder sprechen nicht miteinander und jedes beschäftigt sich für sich allein oder zu zweit. Barbara späht, ohne sich vom Fenster abzuwenden, hinaus.

B. als Erw.: „Na, Barbara, du schaust so voll Sorge aus dem Fenster, wartest du auf jemanden?“

B. als Kind: „Meine Mama ist weggelaufen und sie hat sich keine Jacke angezogen. Mama und Papa haben sich wieder gestritten.“

B. als Erw.: „Und nun hast du Angst um die Mama.“

B. als Kind: „Ja, und das Schlimmste ist, dass Papa die Mama wieder ausgelacht hat und gesagt hat, sie solle ruhig weglaufen, sie käme schon von allein wieder zurück."

B. als Erw.: „Aber ich habe das Gefühl, das tröstet dich nicht, was dein Papa da gesagt hat."

B. als Kind: „Nein, und das Schlimmste ist, dass der Papa dann immer so gemein lacht. Er lacht die Mama immer aus." (Die Kleine beginnt zu weinen.)

B. als Erw.: „Komm mal zu mir, kann ich dir helfen?"

B. als Kind schluckt, die Tränen versiegen und nach kurzer Überlegung sagt sie: „Ja (ärgerlich, fast wütend), sag dem Papa, er soll aufhören, die Mama immer auszulachen. Das find' ich gemein. Das ärgert die Mama immer so sehr. Und kannst du der Mama eine Jacke bringen?"

B. als Erw.: „Ja, das kann ich machen."
Ich erfülle der Kleinen ihre Wünsche und komme zu ihr zurück.

B. als Kind: „Hat die Mama was zu dir gesagt?"

B. als Erw.: „Sie hat sich bedankt und hat gesagt, du brauchst dir keine Sorgen zu machen. Wenn sie sich beruhigt hat, kommt sie zurück."

B. als Kind: „Kannst du so lange bei mir bleiben und darf ich bei dir auf den Schoß, dann warten wir auf die Mama hier in der Küche, ja?"

B. als Erw.: „Ja sicher, komm."
Wir setzen uns, die Kleine setzt sich auf meinen Schoß und schmiegt sich an mich.

Die Szene rückt weg.

Protokoll vom 28.4.1997, 20 Minuten

Ich sehe die Kleine mit ihrem Papa im Wartezimmer des Zahnarztes sitzen. Sie ist neun oder zehn Jahre alt. Sie sitzt unruhig und ängstlich auf ihrem Stuhl.

Ich betrete das Wartezimmer und setze mich ihr gegenüber.

B. als Erw.: „Wie geht es dir heute, meine Kleine?"

B. als Kind denkt: „Da ist sie ja wieder. Aber ich will mit niemandem sprechen, ich möchte nur auf Papas Schoß. Aber er mag das nicht. Er sagt, wenn ich zu ihm auf den Schoß will: ‚Du bist doch schon ein großes Mädchen und es ist doch gar nicht so schlimm, du brauchst keine Angst zu haben.' Aber ich habe Angst und die ist einfach da und ich kann nichts dagegen tun."

B. als Erw.: „Ich habe das Gefühl, du hast Angst, kann ich etwas für dich tun?"

B. als Kind: „Ja, ich hab' Angst vor dem Zahnarzt und ich kann gar nichts dagegen machen."

B. als Erw.: „Das kann ich sehen, ich kann bei dir bleiben, wenn du möchtest."

B. als Kind: „Oh, kommst du mit mir rein? Papa kommt auch mit und er ist auch lieb, aber es wäre schön, wenn du auch mitkommen würdest."

B. als Erw.: „Ja, dann gehen wir eben alle drei."

B. als Kind: „Kannst du auf mich aufpassen und mein Schutzengel sein, sodass ich keine Angst mehr haben muss? Aber ich weiß nicht, ob das geht, wir sind nämlich evangelisch und alle sagen, evangelische Menschen hätten keinen Schutzengel, und dabei möchte ich so gerne einen Schutzengel haben."

B. als Erw.: „Dass du dir so sehr einen Schutzengel wünschst, kann ich gut verstehen. So ein Schutzengel ist bestimmt eine ganz große Hilfe. Wie kann ich dir denn bei deinem Wunsch behilflich sein?"

B. als Kind: „Ich weiß was, du bist meine Fee. Du bist meine Beschützerfee. Du passt immer auf mich auf. Aber Papa darf dich nicht sehen, sonst sagt er, es gibt doch gar keine richtigen, echten Feen. Und passt du gleich auf, dass es nicht weh tut?“

B. als Erw.: „Ich nehme dich auf meinen Arm und wir werden es gemeinsam versuchen.“

B. als Kind: „Und hältst du auch meine Hand?“

B. als Erw.: „Natürlich.“

B. als Kind: „Das tut gut, jetzt hab' ich fast gar keine Angst mehr. Dann hab' ich auch keine Angst, wenn der Papa mich so streng anguckt, wenn ich Angst hab' oder weine. Manchmal schaut er ganz streng und dann hab' ich Angst, aber manchmal ist er auch lieb.“

B. als Erw.: „Wir stehen das hier gemeinsam durch. Ich lass‘ dich nicht allein.“

B. als Kind: „Wenn wir das nächste Mal hierher müssen, kommst du dann auch mit?“

B. als Erw.: „Hm, ich hab' es dir doch versprochen. Ich komme immer mit dir mit, wohin du möchtest und wann du möchtest. Versprochen ist versprochen und wird nicht gebrochen.“

Die Kleine lächelt zufrieden.

B. als Erw.: „Und nun verabschiede ich mich und komme morgen wieder.“

Die Szene rückt weg.

Protokoll vom 29.4.1997, 30 Minuten

Ich treffe meine Kleine auf dem Weg in die Gaststätte. Sie soll den Papa abholen. Sie ist von der Mama geschickt worden. Die Kleine ist sechs oder sieben Jahre alt. Es ist Sommer und die Sonne scheint. Sie trägt ein Kleid. Ihre Zöpfe sind mit Spangen aus braunem Holz zusammengehalten.

Ich gehe eine Weile in geringem Abstand hinter dem Kind her. Nach kurzer Zeit spreche ich es an.

B. als Erw.: „Hallo meine Kleine, wohin gehst du gerade?"

B. als Kind: „Ach, ich soll den Papa abholen. Hoffentlich kommt er gleich mit, sonst ist die Mama wieder traurig oder es gibt wieder Streit. Und wenn er nicht mitkommt, trinkt er wieder drei Tage. Und das ist immer schlimm. Ich habe richtige Angst, dass er nicht mitkommt. Und außerdem denke ich immer, ich bin schuld, wenn er nicht mit mir kommt. Früher hat er das immer gemacht, wenn ich ihn geholt habe. Aber in der letzten Zeit kommt er bei mir auch nicht mehr mit."

B. als Erw.: „Und du meinst, es liegt an dir?"

B. als Kind: „Ja, denn Mama sagt immer, bei der Bärbel, da kommt der Papa mit nach Hause, darum ist es besser, wenn die ihn abholt. Dabei gehe ich so ungern da hin. Ich schäme mich immer so."

B. als Erw.: „Das verstehe ich."

B. als Kind: „Aber manchmal geht es auch besser, dann bekomme ich ein Eis oder eine Limo und das ist schön. Aber was dann blöd ist, der Papa sagt dann immer, er kommt mit, aber dann kommt er doch nicht mit und irgendwann muss ich dann allein gehen und dann habe ich Angst, dass die Mama wieder so sehr weint."

B. als Erw.: „Das muss ganz schlimm für dich sein, kann ich dir helfen?"

Wir sind an der Kneipe angekommen.

B. als Kind: „Kommst du mit mir mit?"

B. als Erw.: „Ja sicher." Wir betreten die Kneipe.

B. als Kind versucht mehrmals, den Papa zum Mitgehen zu bewegen, mit Bitten, Betteln, darauf hinweisend, dass die Mama wartet. Nichts nutzt etwas. Der Papa bleibt.

B. als Erw.: „Du hast nun wirklich alles getan, aber der Papa will nicht mitkommen. Was möchtest du denn nun?"

B. als Kind: „Am liebsten möchte ich gehen, aber wenn ich nach Hause gehe, schickt die Mama mich wieder zurück, um den Papa noch mal zu holen und noch mal und immer wieder. Manchmal drei- oder viermal. Und der Papa wird dann immer wütender, bis er mit mir schimpft und mir verbietet, wiederzukommen. Und dann weiß ich gar nicht mehr, was ich machen soll. Es ist furchtbar." Die Kleine beginnt zu weinen.

B. als Erw.: „Ich nehme dich jetzt an die Hand und ich werde dich beschützen. Weine nicht, meine Kleine. Ich bin bei dir und ich bleibe so lange, bis es dir wieder besser geht. Was kann ich denn sonst noch für dich tun, damit du nicht mehr traurig sein musst?"

B. als Kind: „Ja, sag ihm, er soll mitkommen, und sag ihm auch mal, dass ich das gemein von ihm finde, wenn er immer sagt ‚ja gleich' und dann sag ihm auch mal, dass ich es schlimm finde, wenn er immer betrunken ist, und dass ich es hasse, ihn immer abholen zu müssen, und ich find' es total blöd und zum Kotzen, dass er das immer so mit uns allen macht und dass er dann das ganze Wochenende immer betrunken und krank ist und dass er die Mama immer so traurig macht." (Die Kleine hat aufgehört zu weinen, Ärger mischt sich in ihre Stimme.) „Aber sag es ihm, wenn ich draußen bin."

B. als Erw.: „Ja, dann geh' du schon mal raus, ich komme nach."

Kurz darauf bin ich wieder bei meinem inneren Kind.

B. als Erw.: „So, mein Schatz, ich habe alles so gemacht, wie du es dir gewünscht hast."

B. als Kind: „Und kommst du jetzt mit zu meiner Mama und sagst ihr, dass ich nichts dafür kann, dass der Papa wieder nicht mitgekommen ist … dass ich keine Schuld habe … bitte."

B. als Erw.: „Ja, dann lass uns gehen."
Wir stehen in der Tür, die Mama öffnet, sofort beginnt die Kleine zu sprechen.
B. als Kind: „Mama, der Papa will wieder nicht kommen und ich hab es immer wieder gesagt und ich kann nichts dafür, meine große Freundin hat es ihm auch gesagt und er kommt trotzdem nicht."
Die Kleine geht in die Wohnung, ich gehe ihr nach.
B. als Erw.: „So, Barbara, brauchst du mich noch? Ich würde mich sonst bis morgen von dir verabschieden."
B. als Kind: „Danke, es ist schön, dass du da bist, bitte komm öfter wieder, aber erst mal morgen."
B. als Erw.: „Ja, ich komme bestimmt."

Die Szene rückt weg.

Protokoll vom 30.4.1997, 20 Minuten

Die Kleine steht in der Küche. Es ist Samstagnachmittag. Die Mama ist ebenfalls in der Küche, während der Papa betrunken im Wohnzimmer auf dem Sofa liegt. Wie so oft hat der Vater seit Freitag durchgetrunken. Die kleine Barbara ist sechs Jahre alt. Es ist Sommer und sehr heiß. Die Kleine trägt eine bunte Spielhose und Sandalen. Ihre Haare sind zu kurzen Zöpfchen an den Seiten geflochten.

Gerade wird das Kind, das der Mutter beim Abtrocknen hilft, vom Papa gerufen.

Ich stelle mich in die unmittelbare Nähe des Kindes.
B. als Erw.: „Hey Kleines, du siehst so bekümmert aus. Du hilfst der Mama beim Abtrocknen, wie ich sehe."
B. als Kind: „Ja, sonst muss Mama das allein machen."
B. als Erw.: „Gibt es denn sonst niemanden, der helfen kann?"
B. als Kind: „Die Jungs sind draußen und Rita und Christa sind noch zu klein. Und Mama ist dann ganz

allein mit der vielen Arbeit und dann ist sie ärgerlich und traurig, dass Papa wieder trinkt, und dann streiten sie sich immer."

B. als Erw.: „Das stell' ich mir schlimm für dich vor."

B. als Kind: „Oh ja, wenn sie sich streiten, dann ist die Mama ganz wütend, aber der Papa lacht sie dann immer aus und die Mama wird dann immer wütender und dann schimpft der Papa auch manchmal. Aber am schlimmsten ist es, wenn der Papa sagt, ich soll ihm eine Flasche Wein holen, und die Mama immer sagt: ‚Nein, du holst ihm keine mehr.' Dann weiß ich gar nicht, was ich machen soll."

B. als Erw.: „Das muss wirklich ganz schlimm für dich sein, wenn jeder von ihnen etwas anderes sagt."

B. als Kind: „Das ist ganz schwer. Und ich weiß dann gar nicht, was ich machen soll, weil es egal ist, was ich auch tun würde, beides wäre falsch. Mama sagt das und Papa sagt das und ich weiß gar nichts mehr."

B. als Erw.: „Ich möchte dir dabei so gerne helfen, hast du eine Idee, womit ich dir helfen kann?"

B. als Kind überlegt eine Weile und sagt schließlich: „Am liebsten hätte ich, dass du uns wegzauberst. Ich will am liebsten hier weg. Denn die Mama sagt gleich bestimmt wieder zum Papa: ‚Dann sauf' dich doch gleich tot.' Und dann hab' ich immer ganz viel Angst, weil ich denke, der Papa ist dann irgendwann tot, und ich hab' den Papa aber doch lieb, auch wenn er so oft trinkt. Aber ich bin auch oft ganz wütend auf ihn." Die Kleine ist während des Erzählens immer erregter geworden.

B. als Erw.: „Ja, wenn du es hier nicht mehr aushältst, zaubere ich uns gemeinsam weg."

B. als Kind: „Erst weg und wenn alles wieder gut ist, kommen wir wieder zurück."

Wir verlassen die Szene, das Bild gleitet weg.

Protokoll vom 1.5.1997, 15 Minuten

Ich begegne meiner Kleinen im Treppenhaus. Sie putzt es. Sie ist ungefähr elf Jahre alt. Sie trägt eine große Schürze und alte Schuhe. Ihr Haar trägt sie zu einem Zopf an der Seite. Sie ist mit den Putzarbeiten bis auf den Fußboden fertig.

Ich sitze auf der Treppe. Heute erschien mir sehr schnell dieses Bild vor meinem inneren Auge.

B. als Erw.: „Hallo Barbara!"

Mir fällt es heute allerdings schwer, mich in die Rolle der Kleinen zu versetzen.

B. als Kind: „Hallo!"

B. als Erw.: „Du putzt, wie ich sehe, das Treppenhaus, aber hast gar keine Lust, wie ich sehe."

B. als Kind: „Ja, es wäre alles nicht so schlimm, wenn die blöde Frau Jentsch nicht wieder meckern würde. Die meckert immer, wenn ich geputzt habe."

B. als Erw.: „Frau Jentsch macht es dir also so schwer."

B. als Kind: „Ja, die meckert immer. Ich kann mir noch so viel Mühe geben, sie findet immer etwas auszusetzen. Immer ist irgendetwas nicht sauber genug, entweder die Türen oder die Lampe, es ist nie in Ordnung. Immer kontrolliert sie anschließend. Das ist eine ganz blöde Ziege."

B. als Erw.: „Deinen Ärger kann ich sehr gut verstehen. Mir würde es auch so gehen."

B. als Kind: „Jaaa … und die ist immer so. Egal, wie sehr ich mich auch bemühe."

B. als Erw.: „Hm … ich sehe, wie viel Mühe du dir gibst. Das Schrubben ist sehr anstrengend, wie ich sehe. Kann ich dir helfen?"

B. als Kind: „Ja, aber nicht beim Putzen. Ich möchte viel lieber, dass du ihr mal sagst, sie soll ihren Mund halten und nicht immer meckern. Denn wenn wir das Haus putzen müssen, meckert sie immer. Die meint, wir haben viele Kinder und da wären wir weniger wert als die. Und dann sag ihr ruhig mal, dass sie auch nicht besser putzt."

B. als Erw.: „Gut, wenn du das möchtest, werde ich das für dich tun. Hast du denn sonst noch einen Wunsch?"

B. als Kind: „Wenn du mir vorher doch ein wenig beim Schrubben helfen würdest, dann ist nachher alles tipp topp, dann kann sie nichts mehr sagen."

B. als Erw.: „Gut, komm, dann machen wir das jetzt gemeinsam."

Wir beide putzen gemeinsam das Treppenhaus fertig. Die Kleine strengt sich wirklich sehr an. Nachdem wir fertig sind, räumt sie die Putzsachen weg und kommt zu mir zurück. In diesem Augenblick kommt Frau Jentsch aus der Tür. Die Kleine drückt sich an mich. Ich lege einen Arm um sie. Frau Jentsch schaut uns kurz an, geht an uns vorbei, wagt aber nichts zu sagen. Ich schlüpfe in die Kleine. Die Gedanken des Kindes: „So eine blöde Ziege. Ich habe jetzt aber jemanden, der auf mich aufpaßt und mich in Schutz nimmt. Und weil das eine Erwachsene ist, traut sie sich nicht zu meckern, ... olle Ziege."

B. als Kind: „Ach, sag gar nichts, nur wenn sie noch mal meckert, sagst du ihr das, ja?"

B. als Erw.: „Das werde ich tun. So meine Kleine, nun muss ich gehen. Ich komme morg*en aber wieder.*"

Die Szene rückt weg.

Protokoll vom 2.5.1997, 15 Minuten

Ein Bild steigt in mir auf, ich stehe als elf- oder zwölfjähriges Mädchen in dem dunklen Waschkeller zu Hause an einer Zinkwanne mit einem Waschbrett und wasche Socken und Strümpfe der ganzen Familie. Die Lauge ist ekelhaft schmutzig und glitschig. Die Socken meiner Brüder und vor allem die meines Vaters ekeln mich an.

Meine Hände schmerzen. Ich habe an den Fingern durch die Rubbelei am Waschbrett blutige Blasen, die sehr schmerzen. Mein Rücken schmerzt, ich bin total erschöpft, aber ich darf nicht aufhören, die Wäsche muss fertig werden. Ich habe Gummistiefel an den Füßen und eine viel zu große und zu nasse Schürze umgebunden. Draußen scheint die Sonne und ich würde so gerne rausgehen.

B. als Erw.: „Hallo Barbara, mein Gott, was wäscht du denn mit den wunden Fingern die Wäsche, du hast ja ganz wunde Hände voller Blasen. Das muss doch entsetzlich weh tun."

B. als Kind: „Ja, tut es auch, aber die Wäsche muss heute fertig werden. Morgen können wir nicht mehr in die Waschküche und außerdem scheint die Sonne und da trocknet die Wäsche draußen und ich brauch' die Wäsche nicht auf den Dachboden zum Aufhängen hochschleppen."

B. als Erw.: „Nein, das lass ich nicht zu. Du hast doch Schmerzen, das brennt doch entsetzlich und ich sehe, dass dir der Rücken auch weh tut."

B. als Kind: „Ja, das stimmt, aber ich muss doch …"

B. als Erw. (ich bin total erschüttert, unter welchem Zwang das Kind steht, mir kommen die Tränen): „Vertrau mir, komm zu mir, ich werde dir erst einmal deine Blasen versorgen und dann sehen wir weiter." Ich gebe Zinksalbe auf die wunden Finger und die aufgescheuerten Handballen und versorge sie mit Pflaster.

B. als Kind: „Ah, das kühlt schön, jetzt brennt es kaum noch. Das tut so gut …" (die Kleine beginnt leise zu weinen).

B. als Erw.: „So, und nun kommst du mit mir in die Sonne. Ich habe eine Decke und Saft und Kuchen. Jetzt legst du dich hier auf die Decke in die Sonne und ich bleib' bei dir. Ich erlaube dir nicht, mit diesen Händen zu arbeiten."

B. als Kind lässt sich bereitwillig in die Sonne führen. Sie ist zu erschöpft, um etwas dagegen zu setzen, und außerdem tut die Fürsorge so gut. Sie legt sich auf die Decke und kuschelt sich an dic Große. Diese wiegt sie in ihren Armen. Das Kind schläft schließlich vollkommen entspannt in den Armen der Großen ein.

Ich schiebe die Szene mit einem Gefühl tiefer Erschütterung und Trauer weg.

Protokoll vom 3.5.1997, 15 Minuten

Ich bin heute recht angespannt und begegne der Kleinen erst, als ich schon fast abbrechen will.

Sie steht in der Küche, mitten im Raum, und wirkt ziemlich verstört auf mich. Sie wird vom Papa gerufen, der sich im Wohnzimmer befindet. Er hat wieder getrunken. Die Mama steht in der Küche am Herd.

Die kleine Barbara ist sieben oder acht Jahre alt, hat schulterlange Zöpfe und trägt einen karierten Rock und eine helle Bluse.

Ich spreche meine Kleine, indem ich auf sie zugehe, an.

B. als Erw.: „Barbara, du fühlst dich schlecht, ich kann es ganz deutlich sehen."
Sie ist nicht überrascht, meine Stimme zu hören und mich zu sehen.

B. als Kind: „Ach, der Papa trinkt wieder und er ruft mich. Ich soll den Eimer in die Toilette schütten."

B. als Erw.: „Den Eimer, welchen Eimer?"

B. als Kind: „Ach, der Papa hat doch nur ein Bein und wenn er trinkt, kann er mit seinen Krücken nicht mehr zur Toilette gehen. Dann pinkelt er immer in den Eimer und … und manchmal muss er auch da hineinbrechen."

B. als Erw.: „Und du sollst nun diesen Eimer in die Toilette schütten?“

B. als Kind: „Ja, und das finde ich so ekelig. Ich muss dann bald immer selbst brechen. Es ist so entsetzlich ekelig, aber ich muss das machen, sonst schimpft er mit mir, und ich ekele mich so sehr davor, aber die Angst, dass er wütend wird, ist noch schlimmer.“

B. als Erw.: „Wie kann ich dir denn helfen?“

B. als Kind: „Am liebsten wäre mir, der Papa müsste seine Pisse selbst ins Klo schütten.“ (Die Kleine wird ärgerlich.) „Ich find' das so schlimm und sooo ... ekelig, manchmal hasse ich den Papa dafür. Ich könnte so kotzen ... (der Ärger steigert sich, sie wird beim Sprechen lauter, erregter) Der müsste mal sehen, wie ekelig das ist.“

B. als Erw.: „Was wünschst du dir denn jetzt in diesem Augenblick von mir, wie könnte ich dir helfen?“

B. als Kind überlegend ... „Am besten, du zauberst uns hier einfach weg, dann muss ich diese ekelige Sache nicht mehr aushalten. Ich hasse es.“

B. als Erw.: Ich nehme die Kleine an die Hand und plötzlich schweben wir gemeinsam über der Szene, sehen den rufenden Vater und die am Herd stehende, auf das Rufen nicht reagierende Mutter. Die Kleine klatscht vor Freude in die Hände und lacht.

B. als Kind: „Das ist toll, jetzt soll er sehen, wie das ist.“

B. als Erw.: „Kann ich sonst noch etwas tun?“

B. als Kind: „Nein, ich will spielen gehen, kommst du denn nächstes Mal wieder?“

B. als Erw.: „Ich verspreche dir, ich komme wieder, auf alle Fälle.“

Die Szene entfernt sich.

Protokoll vom 4.5.1997, 30 Minuten

Ich treffe meine Kleine auf dem Dachboden des Mehrfamilienhauses, in dem sie mit der Familie lebt. Der Boden ist ausschließlich zum Wäschetrocknen, d.h., es befinden sich keine Gegenstände dort. Es ist ein ca. 90 qm großer Raum. Die Kleine sitzt in einer Ecke in der Nähe des kleinen Fensters zusammengekauert auf dem Boden. Sie ist ca. acht oder neun Jahre alt. Im Arm hält sie ihre Puppe. Sie wirkt auf mich verängstigt und lauscht auf jedes Geräusch.

Ich trete von der Tür näher an die Kleine heran.

B. als Erw.: „Hallo Barbara, hier bin ich wieder." (Ich beuge mich zu der Kleinen.)

B. als Kind: „Hallo." (denkt: „Da ist sie ja wieder – wie versprochen. Ob sie etwas von mir will wie die anderen immer – oder kommt sie, weil sie mich sehen will?)

B. als Erw.: „Was machst du hier so allein? Ich habe das Gefühl, du versteckst dich."

B. als Kind schweigt und denkt: „Eigentlich ist sie ganz nett, aber vielleicht ist sie nur so, weil sie von mir auch wieder etwas verlangt, was ich nicht will."

B. als Erw.: „Magst du mir nicht sagen, was dich bei diesem schönen Wetter hier auf den dunklen Boden getrieben hat?"

B. als Kind: „Komm nicht so nah. Ich möchte hier allein sein, nur mit meiner Puppe. Rück etwas weiter weg."

B. als Erw. rückt etwas zurück.

B. als Kind: „Ich will ganz allein sein, damit keiner von mir was verlangen kann."

B. als Erw.: „Es tut mir Leid, wenn ich dir zu nah gekommen bin. Ich kann, wenn du willst, gehen, aber ich mag dich gar nicht so gerne hier allein lassen, weil ich das Gefühl habe, du fürchtest dich. Kann ich mich hier ein Stück weiter weg von dir auf den Boden setzen?"

B. als Kind: „Hm …“

B. als Erw.: „Du hast Angst, dass irgendjemand etwas von dir will, das du nicht möchtest. Da kann ich gut verstehen, dass du dich hier versteckst. Darf ich denn bei dir bleiben? Ich verspreche dir, nichts von dir zu fordern. Ich lass‘ dich ganz in Ruhe, wenn du das wünschst. Ich kann aber natürlich auch gehen, wenn du das möchtest.“

B. als Kind ruft es fast aus: „Nein … bleib hier und pass’ auf mich auf! Aber es soll keiner wissen, dass ich hier bin, keiner. Passt du auf mich auf?“

B. als Erw.: „Ja, ich pass’ auf dich auf. Ich werde alles dafür tun, dass dir keiner etwas zuleide tut.“
Ich rutsche etwas näher an die Kleine heran … (in Gedanken: Sie rührt mich so sehr an. Ich bin den Tränen nahe. Tiefe Verzweiflung spricht aus der Kleinen.)

B. als Kind: „Wenn du auf mich aufpasst, dann darfst du ganz nah zu mir kommen. Darf ich mich dann an dich kuscheln?“

B. als Erw.: „Ja, sicher.“ (Wir kuscheln uns aneinander, sie wirkt so verletzlich, so schutzbedürftig, so allein.)

B. als Kind: „Ich kann es manchmal gar nicht aushalten. Alle wollen etwas von mir, dann soll ich helfen oder dies tun oder das mal schnell noch erledigen, dann noch Hausaufgaben und immer ist irgendetwas nicht richtig und in der Schule ist es sooo schlimm. Aber am allerschlimmsten ist es, wenn der Norbert da ist.“

B. als Erw.: „Es ist schlimm, wenn alle immer etwas von dir wollen und du kaum Zeit für dich hast, um zu spielen oder das zu tun, was du möchtest. Aber ich habe das Gefühl, dass das Schlimmste etwas ist, das mit dem Norbert zu tun hat.“

B. als Kind: „Ja, aber ich will darüber jetzt nicht sprechen. Ich hasse ihn, ich hasse ihn, ich hasse ihn so sehr. Ich hasse diesen Namen, ich hasse alles, das mit ihm zu tun hat, ich hasse dieses Schwein … Ich könnte ihn die Treppe runterwerfen ... Ich will ihm am liebsten so weh tun wie er mir ... Passt du auf mich auf? Pass auf mich auf! Pass bitte auf mich auf!" Die Kleine weint und wimmert. Sie hält mich mit beiden Armen umfangen.

B. als Erw. wiegt das Kind in den Armen (ich bin erschüttert und gleichsam fasziniert von dieser Gefühlsgewalt). Sie tut mir so Leid, ich wiege sie. Sie beruhigt sich ganz langsam. Auf Fragen von mir reagiert sie nicht, ich lasse sie gewähren und dringe nicht weiter in sie. Nach einer langen Zeit des Weinens und Schluchzens beruhigt sie sich und schläft in meinen Armen ein.

Die Szene rückt langsam weg.

Protokoll vom 5.5.1997, 20 Minuten

Die Erwachsene begegnet der Kleinen in dem gemeinsamen Kinderzimmer, das sie mit ihren beiden Schwestern teilt. Die kleine Barbara ist in ihr Spiel mit der Puppe vertieft. Die Kleine ist ca. zehn Jahre alt. Sie trägt einen Pferdeschwanz, hat einen grauen Faltenrock und einen rosafarbenen Pullover an. Es ist Sonntagnachmittag an einem trüben Wintertag.

B. als Erw.: „Hallo Barbara."

B. als Kind (erstaunt) „Hallo." (lächelnd)

B. als Erw.: „Na, spielst du mit deiner Puppe? Du bist ja ganz allein hier."

B. als Kind: „Ja, Rita und Christa gucken mit den anderen Fernsehen, aber ich gucke nicht so gerne. Ich finde es viel besser, jetzt mal meine Ruhe zu haben und das zu tun, wozu ich ganz allein Lust habe. Guck mal, das ganze Zimmer habe ich für mich jetzt ganz allein."

B. als Erw.: „Du sagst das so freudig. Ich habe das Gefühl, dass es dir damit recht gut geht und dass du ganz glücklich darüber bist, dass du das Zimmer ganz für dich hast."

B. als Kind: „Ja, guck, und nicht nur dieses Zimmer, der Flur und das Badezimmer auch. Wir haben nämlich diese Wohnung jetzt noch dazu bekommen und da haben wir Mädchen nun ein Zimmer und ein Badezimmer ganz für uns. Nur Mama und Papa benutzen das Bad auch. Und ich bin jetzt ganz für mich und keiner kann ohne zu klingeln hier herein, weil ich den Schlüssel habe. Das ist jetzt wie meine richtige Wohnung, die ich ganz für mich habe, ganz für mich allein und meine Puppe."

B. als Erw.: „Ich kann ganz deutlich deine Freude spüren."

B. als Kind: „Ja, ich hab' das so gerne, dann sagt keiner, ich soll das oder das machen, und ich muss nicht hier oder da mithelfen. Ich hab' das soooooo gerne, dann kann ich lesen oder mit meiner Puppe spielen oder malen und dann stört mich keiner. Das ist soooo toll."

B. als Erw.: „Kannst du das denn sonst zu wenig?"

B. als Kind: „Ja. Und ich möchte manchmal einfach nur meine Ruhe haben. Unsere Wohnung war bis vor kurzem noch so klein, da hatten wir kein Zimmer für uns und die Jungs auch nicht und darum finde ich das jetzt so toll. Denn da war es immer so laut und keiner hat zugehört, alle wollten immer nur selbst erzählen, aber keiner hat richtig zugehört."

B. als Erw.: „Ich kann das wirklich sehr gut verstehen, dass du dich hierhin zurückziehst. Wenn du sagst, dass niemand dem anderen zuhört, nehme ich an, dass du vermisst, dass dir mal jemand zuhört. Wenn du möchtest, würde ich dir gerne zuhören. Vielleicht magst du mir etwas erzählen. Ich höre dir ganz aufmerksam zu und werde dich nicht unterbrechen."

B. als Kind: „Ja, ich möchte dir mal was von dem Norbert erzählen, den mag ich gar nicht, vor dem hab ich ganz viel Angst, vor allem, wenn Mama und Papa nicht da sind. Das möchte ich dir mal erzählen, aber jetzt möchte ich erst mal, dass du mit mir spielst. Wenn ich dir das nämlich erzähle, bekomme ich so ein ganz komisches Gefühl, und dann kann ich nicht mehr spielen und ich weiß auch nicht, ob ich dir das erzählen soll. Nachher glaubst du mir auch nicht wie Mama. Spielst du mit mir?"

B. als Erw.: „Natürlich kann ich auch erst mit dir spielen und wenn du mir dann später etwas von dem Norbert erzählen möchtest, kannst du das auch noch tun. Ich werde mir Zeit nehmen. Aber eins kann ich dir ganz bestimmt versprechen: Ich glaube dir alles, das du mir anvertraust. Und wenn du so viel Vertrauen zu mir hast, dass du es mir erzählen willst, dann erzähle es mir. Ich bin für dich da."

B. als Kind: „Aber ich möchte doch lieber erst mit dir spielen."

Langsam rückt das Bild weg.

Protokoll vom 6.5.1997, 20 Minuten

Die Kleine steht mit ihren beiden jüngeren Schwestern ängstlich zitternd in einer Ecke der Küche. Zwei der Brüder – oder sind es alle drei? – werden vom Vater mit dem Teppichklopfer verprügelt. Barbara ist ca. acht Jahre alt. Ihre Zöpfe reichen gerade bis zur Schulter. Es ist Abend. Draußen ist es bereits dunkel.

Die Mädchen stehen verängstigt beieinander und weinen. Immer wieder rufen sie: „Papa, hör auf!" Sie sind total verängstigt. Auch die Mutter versucht, den schlagenden Mann durch Zurufen von seinem Tun abzubringen, aber vergeblich. Die erwachsene Barbara stellt sich direkt vor ihre Kleine und spricht sie an.

B. als Erw.: „Babara, ich bin ja da, hab' keine Angst."

B. als Kind: „Guck doch mal, wie wütend der Papa den Werner verprügelt. Der hört nicht auf. Der schlägt immerzu und hört auch nicht auf. Ich weiß gar nicht mehr, was ich noch tun soll."

B. als Erw.: „Kannst du denn etwas anderes tun, außer des Versuches, ihn durch Bitten zum Aufhören zu bewegen?"

B. als Kind: „Wenn ich lauter schreien würde, dann wird er uns auch verprügeln. Er sagt doch immer: ‚Hört auf, sonst kriegt ihr auch noch 'ne Tracht.' Und guck mal, Mama ruft auch immer nur: ‚Fritz hör auf, Fritz hör auf!' und er hört nicht einmal auf sie. Ich hab' solche Angst und gleichzeitig eine ungeheure Wut. Warum nimmt Mama ihm den Klopfer nicht weg? Warum wehrt sie sich nicht gegen ihn und beschützt uns? Warum nicht? Ich bin so verzweifelt, wenn ich sehe, wie viel Angst auch sie hat. Wir haben alle Angst und keiner wehrt sich. Das macht mich auch gleichzeitig wütend, ja total wütend. Ich hasse den Papa, wenn er so auf die Jungens einschlägt und nicht einmal aufhört, wenn sie weinen und schreien. Ich hasse ihn … ich hasse ihn … und ich hasse auch mich, weil ich nichts tue, und ich hasse auch Mama, weil die nichts tut. Ich hasse mich, weil ich einfach nur hier stehe und nichts tue, außer heulen. Ich hasse dieses Schwein … (die Kleine ist total erregt, sie stammelt die Worte unter Tränen) … aber ich hab' ihn auch lieb, denn er ist ja nur manchmal so, sonst ist er auch lieb."

B. als Erw.: „Sieh doch einmal ganz genau hin, wenn die Mama noch nicht einmal gegen den Papa etwas ausrichten kann, wie sollte dir das dann gelingen?"

B. als Kind: „Ja, darum hab' ich ja auch solch eine Angst. Aber warum stellt die Mama sich nicht zwischen den Papa und die Jungs? Die Mama hat der Papa noch nie geschlagen, warum hat sie trotzdem solche Angst? Aber sieh doch mal, wie große Angst wir alle haben, alle, alle, alle … alle haben wir Angst. Ich hasse mich für diese Angst, ich hasse uns alle für diese Angst."

B. als Erw.: „Ich bin der Meinung, dass du gar keine anderen Möglichkeiten hast und dass du dir keine Vorwürfe machen musst. Ich kann deine Verzweiflung verstehen, und es tut mir weh, dich so leiden zu sehen. Bitte quäle dich nicht so. Sag mir, wie ich dir helfen kann in dieser schlimmen Situation. Was kann ich für dich hier und jetzt tun?"

B. als Kind: „Es ist so gut, dass du da bist, bleib bei mir, geh nicht weg und beschütze uns … und mach, dass er endlich aufhört."

B. als Erw.: „Ja, das werde ich tun."

Ich stelle mich als Erwachsene zwischen den schlagenden Mann und die Jungen. Sofort lässt er ab.

Die Szene rückt weg.

Protokoll vom 7.5.1997, 30 Minuten

Wieder befindet sich meine Kleine in einem Klassenzimmer. Sie besucht die zweite Klasse und ist sieben Jahre alt. Sie hat eine Pagenfrisur mit einem viel zu kurzen Pony. Sie trägt einen weißen selbst gestrickten Pullover. Es ist ein trüber Herbsttag. Die kleine Barbara sitzt an der Fensterfront in einer der drei Bankreihen gleich in der zweiten Bank. Es ist eine sehr große Klasse, 42 Kinder stark. Die Kinder bekommen ihre Diktate zurück. Nach und nach ruft die Lehrerin die Namen der Kinder auf. Die Kleine wird immer ruhiger und sitzt wie gelähmt und in ängstlicher Erwartung auf ihrem Platz.

Ich, die Erwachsene, stehe am Fenster neben der Bank. Die Kleine bemerkt mich gerade, als sie ängstlich zu ihrer Banknachbarin schaut, deren Name gerade genannt wird.

B. als Erw.: „Hallo Kleines!“
B. als Kind: „Hallo.“ (leise, kaum hörbar)
B. als Erw.: „Du siehst so unglücklich aus.“
B. als Kind: „Ich habe furchtbar Angst, ich kann kaum atmen, mein Herz schlägt ganz laut und mir ist ganz schlecht.“
B. als Erw.: „Wovor hast du denn solche Angst, mein Schatz?“
B. als Kind: „Dass die Frau Walter meinen Namen aufruft und meine Note sagt, die bestimmt wieder schlecht ist. Und dann sagt sie das immer so laut und klatscht mein Heft so feste auf die Bank und dann sagt sie wieder: eine Fünf oder sogar eine Sechs. ‚Natürlich Bärbel, du hast wieder nicht geübt, aber aus dir wird eh' nichts.‘ Und dann sagt sie immer noch: ‚Bei den Verhältnissen‘. Die anderen Kinder gucken dann so. Manche sind still, aber manche kichern oder lachen dann auch. Und mir wird dann immer ganz übel und ich schäme mich dann so.“

In der Rolle der Erwachsenen spüre ich ein starkes Bedürfnis, dieses kleine verängstigte Wesen an mich zu drücken und ihr Schutz und Geborgenheit zu geben.

B. als Erw.: „Mein Liebling, du brauchst keine Angst mehr zu haben. Ich bin bei dir und ich werde dafür sorgen, dass du dich nicht schämen musst. Ich beschütze dich. Das, was Frau Walter sagt, stimmt nicht. Es ist schlimm, wenn Erwachsene Kinder so behandeln. Ich schäme mich für diese erwachsene Frau und es macht mich auch wütend.“
B. als Kind: „Ich merke dann immer ganz doll, dass Frau Walter mich nicht mag. Ich hab' das Gefühl, sie macht das gerne. Bei zwei anderen Kindern macht sie das auch, bei Hildegard und Uwe. Die sind nämlich auch so arm wie wir und haben so viele Kinder. (Die Stimme der Kleinen wird lauter, sie ereifert sich immer mehr, eine immer stärker werdende Erregung

nimmt von ihr Besitz). Und dafür hasse ich sie, ich finde sie so gemein, so doof, so blöd, ich hasse sie, ich hasse sie, ich hasse sie, ich hasse sie, ich hasse sie … und ich kann nichts machen. Sie ist so gemein, so gemein."

Die Kleine schluchzt herzzerreißend und weint bitterlich.

Die Erwachsene nimmt die Kleine auf den Arm und setzt sich mit ihr in die Schulbank, streichelt sie und tröstet sie, sie wiegt sie ganz zärtlich.

B. als Erw.: „Das ist schlimm, mein Liebling, das ist so schlimm, es tut mir so Leid, dass du diese Gemeinheiten aushalten musstest, aber nun bin ich bei dir, ich lasse nicht zu, dass sie dir gegenüber so gemein ist. Ich werde dich beschützen. Ich werde für dich stark sein und ihr verbieten, dich zu verletzen."

Die Kleine beruhigt sich langsam.

B. als Kind: „Und wenn ich eine Fünf oder Sechs habe, übst du dann mit mir, damit ich auch mal eine Drei oder Vier schreibe? Aber keine Fünf oder Sechs. Aber ganz doll wäre eine Zwei, dann wäre ich ganz glücklich und stolz und Frau Walter könnte dann nicht mehr gemein sein und vielleicht könnte sie mich dann auch besser leiden."

B. als Erw.: „Ja, mein Liebling, ich werde so viel mit dir üben, wie du willst, und werde bei den Arbeiten immer bei dir bleiben, wenn du das möchtest. Und deinen Wunsch, dass Frau Walter dich besser leiden möge, kann ich gut verstehen, aber ich glaube, dass sie gar nicht in der Lage ist, wirklich zu lieben, sie ist gar nicht fähig, dir Liebe zu geben, jedenfalls wirkliche Liebe, die unabhängig davon ist, wie du dein Diktat schreibst, und außerdem hat sie dich nicht verdient, du bist viel zu wertvoll, als dass diese Frau dich verdient."

Die Kleine strahlt die Große schweigend eine Zeit an, und genießt die Wertschätzung.

B. als Kind: „Oh ja, das ist schön. Jetzt geht es mir auch schon viel besser, ich hab' dich lieb."

Die Szene rückt langsam weg.

Protokoll vom 8.5.1997, 20 Minuten

Ich sehe meine Kleine auf dem Weg zur Schule. Sie geht allein und recht zügig. Ich bemerke, dass sie weint. Immer wieder wischt sie sich mit der Hand die Tränen fort.

Sie trägt einen Trägerrock, eine weiße Bluse und Kniestrümpfe. Das Kind ist sechs Jahre alt. Ihr Haar ist auf Ohrläppchenhöhe stumpf abgeschnitten. Es ist ein Frühsommertag und warm. Der Himmel ist bewölkt, aber es regnet nicht.

Ich als Erwachsene stehe auf der Brücke, die sie überqueren muss. Es ist ein trauriges Bild, wie sie so auf mich zuschreitet. Ich spreche sie, als sie mich erreicht, behutsam an.

B. als Erw.: „Hallo mein Schatz, du gehst ja ganz allein zur Schule. Es sind gar keine anderen Kinder mehr unterwegs. Du bist heute viel später dran als die anderen Kinder."

B. als Kind: „Hallo! Ich bin so spät, weil bei uns etwas passiert ist." Ihr Weinen wird heftiger.

B. als Erw.: „Was ist denn so Schlimmes passiert, meine Kleine, dass du so sehr weinen musst?"

B. als Kind: „Unsere Tante Sonja ist gerade gestorben."

B. als Erw.: „Oh, mein Liebling, das tut mir Leid, komm zu mir, komm."

Die Erwachsene nimmt die Kleine auf den Arm und drückt sie zärtlich an sich. Die Kleine schluchzt herzzerreißend und lässt ihren Tränen freien Lauf. Erst nach einer ganzen Weile, während der sie von der

Großen gewiegt und zärtlich gestreichelt wird, beginnt sie schluchzend zu erzählen.

B. als Kind: „Ich … bin … so … traurig … und ich fühle mich so allein. Ich hab' die Tante Sonja so lieb gehabt und jetzt kommt sie nicht mehr zu uns zurück. Und die Mama hat gesagt, ich muss in die Schule gehen, dabei will ich viel lieber bei Mama zu Hause bleiben. Ich will jetzt nicht in die Schule gehen. Ich komme auch viel zu spät und dann schimpft die Frau Walter wieder mit mir und dann muss ich nachsitzen und dann bin ich noch mehr und noch länger allein. Und ich bin so traurig und ich weiß gar nicht, was ich sonst machen soll, aufpassen kann ich gar nicht und dann wird die Frau Walter mich ausschimpfen. Mein Kopf ist so durcheinander und ich muss immer nur an Tante Sonja denken. Die war so lieb, die war die Allerliebste. Die hat immer Zeit gehabt und hat uns Geschichten erzählt und hat mich auch mit in die Kirche genommen und ich hab sie doch so lieb."

Die Kleine weint und weint. Ich höre der Kleinen zu, ohne sie zu unterbrechen. Ich streichle das Kind und wiege es zärtlich, während die Worte nur so aus ihr heraussprudeln. Als die Kleine ruhiger wird, spreche ich zu ihr.

B. als Erw.: „Du brauchst jetzt nicht in die Schule zu, gehen. Ich nehme dich mit zu mir, wenn du das möchtest. Ich werde für dich da sein und du kannst bei mir bleiben, solange du willst. Ich lasse dich nicht allein. Ich liebe dich. Wir werden zusammen bleiben und von nun an werde ich dir Geschichten erzählen. Ich werde dich immer lieben und mir so viel Zeit für dich nehmen, wie du brauchst. Ich werde mit dir in die Kirche gehen und wir werden alles gemeinsam unternehmen. Ich verspreche dir, immer für dich da zu sein."

Die Szene rückt langsam weg.

Protokoll vom 9.5.1997, 20 Minuten

Ich sehe mein inneres Kind im Schulzimmer die Tafel säubern. Der Unterricht ist beendet und sie ist allein in dem Klassenraum. Sie ist ca. zehn Jahre alt. Sie ist für ihr Alter recht groß. Ihr Haar hat sie zu einem Pferdeschwanz hochgebunden. Sie trägt einen Trägerrock, einen Pulli und Kniestrümpfe. Sie wirkt auf mich angespannt und ängstlich. Das Wetter ist trüb und regnerisch. Ich trete als erwachsene Barbara an meine Kleine heran.

B. als Erw.: „Hallo mein Mädchen, ich sehe, du hast Tafeldienst."

B. als Kind: „Ach, du bist da, das ist gut." (die Kleine wirkt erleichtert).

B. als Erw.: „Schön, dass du dich darüber freust, mich zu sehen."

B. als Kind: „Ich mache so ungern Tafeldienst, ich fürchte mich sogar davor, denn dann bin ich oft ganz allein hier im Klassenzimmer, weil die anderen schon nach Hause gegangen sind."

B. als Erw.: „Sind denn auch keine Erwachsenen mehr im Haus?"

B. als Kind: „Doch, aber die Frau Walter, die mag mich ja sowieso nicht, die ist manchmal noch kurz da, aber zu der würde ich nicht gehen."

B. als Erw.: „Du würdest aber gerne jemanden bei dir haben, damit du dich nicht zu fürchten brauchst, nicht wahr? Wovor fürchtest du dich denn so sehr?"

B. als Kind: „Wenn ich hier den Dienst habe, kommt manchmal der Hausmeister in die Klasse, und vor dem habe ich Angst."

B. als Erw.: „Der Hausmeister macht dir also Angst. Was macht er denn, dass du solche Angst vor ihm hast?"

B. als Kind: „Er kommt immer ganz dicht an mich heran, stellt sich ganz dicht hinter mich und fasst mir immer an die Brust und manchmal versucht er, mir unter den Rock zu greifen. Das macht mir solche entsetzliche

Angst. Und das Schlimme ist, ich kann das niemandem sagen."

B. als Erw.: „Das ist schlimm, mit dieser Angst so allein zu sein und sich niemandem anvertrauen zu können. Wenn du es der Frau Walter nicht sagen kannst, wären die Mama oder der Papa denn nicht für dich da?"

B. als Kind: „Ach, da schäme ich mich so sehr, denn der Mama habe ich ja schon mal gesagt, dass der Norbert immer zu mir ins Bett kommt, wenn sie nicht da sind, aber ich habe das Gefühl gehabt, sie glaubt mir nicht. Auf jeden Fall kommt der Norbert immer wieder in mein Bett und das will ich nicht, aber er hört nicht und manchmal bekomme ich dann Schläge von ihm" (die Kleine beginnt zu weinen).

B. als Erw.: „Komm mal, mein Schatz, ich bin jetzt bei dir und ich passe auf dich auf. Mir kannst du alles sagen und ich werde dir alles glauben. Ich werde nicht zulassen, dass dich der Norbert oder dieser Hausmeister weiter anfassen und etwas von dir verlangen, das du nicht willst."

Ich nehme das Kind auf meinen Schoß und wiege es.

B. als Kind: „Glaubst du mir wirklich und sagst das nicht nur so?" Die Kleine wischt sich die Tränen und schaut die Große abwartend an.

B. als Erw.: „Ja, ganz sicher glaube ich dir alles und es tut mir so Leid, dass du bis jetzt niemanden hattest, der dir geglaubt hat. Ich schäme mich für diese Erwachsenen und auch für mich, dass ich nicht schon früher auf deine Not aufmerksam geworden bin, es tut mir so Leid."

Die Große wiegt ihre Kleine ganz sanft, bis sie sich vollends beruhigt hat.

Die Szene schiebt sich weg.

Protokoll vom 10.5.1997, 15 Minuten

Meine Kleine befindet sich in ihrer Schulklasse. Sie ist sechs oder sieben Jahre alt. Ihre Haare sind halblang. Sie trägt ein braunkariertes Kleid. Es ist Herbst und ein trüber Tag.

Es ist eine sehr große Klasse. Insgesamt 42 Schüler und Schülerinnen. Es ist eine gespannte Atmosphäre. Die Kinder müssen ihre Diktatberichtigungen der Lehrerin zeigen. Die kleine Barbara steht neben ihrer Lehrerin an der Tafel. Sie weint und ist total verwirrt. Ich trete an sie heran und gehe in die Hocke.

B. als Erw.: „Mein Schatz, was ist denn los, du weinst ja und bist total durcheinander?"

B. als Kind: „Bitte hilf mir. Ich fühle mich so entsetzlich schlecht. Frau Walter ist wieder so gemein zu mir. Ich musste Fahrrad an die Tafel schreiben und ich habe es falsch geschrieben. Erst hat sie nur gesagt: ‚Falsch!' Dann musste ich es noch einmal schreiben, aber es war wieder falsch. Da wurde sie schon etwas böse. Aber dann hab' ich es wieder und immer wieder schreiben müssen und jedesmal war es falsch und sie hat nur immer ‚falsch' gesagt und dann geschrien. Anschließend hat sie mich vor den ganzen Kindern ausgelacht und hat gesagt, ich wäre zu blöd, um eins und eins zu rechnen, und dann hab' ich ihr gesagt, dass es zwei sind, und dann hat sie mich an den Haaren gezogen und mir Ohrfeigen gegeben. Jetzt bin ich so verletzt und ich schäme mich so, weil das alle mitgekriegt haben und sehen, dass ich jetzt weine. Bitte hilf mir, bring' mich hier weg, bitte, bitte."

B. als Erw.: „Oh du armes kleines Mädchen. Was macht diese Frau nur mit dir? Komm zu mir auf meinen Arm, ich bringe dich hier fort."

Ich nehme die Kleine hoch, drücke sie an mich, tröste sie, wiege sie. Sie tut mir so Leid. Ich bin total entsetzt, mit welcher Grausamkeit dieses Kind gedemütigt wird. Mir laufen auch Tränen die Wangen hinab, aber das sind Tränen einer maßlosen Wut. Die Kleine liegt in meinen Armen und schluchzt. Nur ganz allmählich beruhigt sich das Kind. „Ich beschütze dich, ich lass nicht zu, dass dir irgendjemand hier etwas zuleide tut. Ich werde alles dafür tun, damit dir so etwas niemals mehr widerfährt. Komm, du kleine Maus, du bist nicht blöd, du bist ein schlaues, intelligentes Mädchen und du bist süß und lieb und das wunderbarste Kind. Ja, weine dich aus, lass' alle Tränen fließen."

Wir weinen beide, die Kleine und die Große, bis keine Tränen mehr da sind.

Die Szene rückt weg.

Vier-Wochen-Protokoll von Michael (32 Jahre)

Protokoll vom 29.4.1997, 11.55 Uhr

Ich merke schon bei der Entspannung, dass ich nur schwer vom Alltag abschalten kann. Obwohl ich heute einen ruhigen und freien Tag habe, brauche ich mehrere Anläufe, um mich auf meinen Körper zu konzentrieren. Auch der Versuch, mir Bilder aus der Kindheit ins Gedächtnis zu rufen, scheitert zunächst. Ich sehe nur Bruchstücke, von denen es mich aber sofort weitertreibt, bevor ich ganze Bilder oder Szenen daraus entwerfen kann. Ich habe auch immer wieder den Gedanken im Kopf, den Versuch gleich abzubrechen.

Recht unvermittelt habe ich plötzlich eine selbst gemalte Landkarte vor mir – den östlichen Bodensee und das Allgäu. Als ich vielleicht zehn Jahre alt war, hat mein Vater mit mir über ein verlängertes Wochenende eine Mopedtour von Landsberg am Lech – unserem damaligen Wohnort – um den östlichen Bodensee herum unternommen. In jeder Stadt, durch die wir kamen, habe ich eine Ansichtskarte gekauft und sie später auf die besagte, postergroße, selbst gemalte Landkarte an entsprechender Stelle aufgeklebt. Diese Karte hing jahrelang über meinem Bett.

Bei dieser Erinnerung werde ich schlagartig traurig und muss weinen. Sehr schnell ist mir klar, dass dieser Ausflug wohl die einzige Zeit war, in der sich mein Vater intensiv um mich gekümmert hat. Jegliche Erziehung war immer Sache meiner Mutter, der Vater war sehr selten daheim.

Außer der Landkarte sehe ich ab und zu Bilder, in denen ich hinter meinem Vater auf dem Moped sitze. Dabei erinnere ich mich genau an die Gefühle, wie ich ihn von hinten um den Bauch fasse, um mich festzuhalten, an die anfängliche Angst, mich mit der Maschine in die Kurven zu legen. Ich kann mir die Bilder nur ansehen und weinen, den Zehnjährigen sehen und fühlen, der mit dem Vater auf große Fahrt geht. Einen Dialog kann und mag ich nicht einleiten. Nachdem der Tränenfluss weitgehend verebbt ist, breche ich das Bildern ab – zu meiner Überraschung hat es fast 30 Minuten gedauert.

Protokoll vom 30.4.1997, 13 Uhr

Die Entspannung fällt mir sehr schwer, ich bin viel zu sehr in Gedanken bei aktuellen Schwierigkeiten. Bilder, die ansatzweise aufkommen, werden sofort überlagert. Ich breche ab.

Protokoll vom 1.5.1997

Wegen Tagesausflug keine Zeit.

Protokoll vom 2.5.1997, 16 Uhr

Nachdem ich mich gut entspannen konnte, zieht es mich gedanklich sehr schnell und stark zum Thema „Wo und wie habe ich gelernt, mit Frauen umzugehen?“ Ausgelöst wahrscheinlich durch eine flüchtige Begegnung mit einer Frau „zum Verlieben“.

Mir kommen Bilder von Mädchen aus früher Schulzeit, Lydia, mit der ich in der zweiten Klasse manchmal gemeinsam heimgegangen bin und dafür den Spott von Freunden geerntet habe, kurze Szenen von ersten Kameradschaften zu Mädchen im zwölften/13. Lebensjahr. Ich kann aber kein Bild fixieren und mich genauer damit beschäftigen, aber ich spüre intensiv, wie sich Enge in meiner Brust bemerkbar macht. Das Thema ist mir unangenehm.

Nach einer Weile fällt mir eine Szene aus einer Jugendfreizeit ein. Bei der Abschiedsparty dieser Freizeit – ich war ca. zwölf oder 13 Jahre alt – wollte ein Mädchen mehrmals mit mir tanzen, offensichtlich mit mir „anbändeln“. Ich hatte zwar zwei- oder dreimal mit ihr getanzt, ließ sie dann aber abblitzen, obwohl ich mich im Nachhinein darüber geärgert habe. Ich habe die Stimmung im Raum, ihren Geruch (viel Wäschestärke), ihre Größe und Statur genau präsent – und das Gefühl: „Was soll ich denn jetzt machen?“ Ich bin völlig unsicher und hilflos, wie ich mich ihr gegenüber verhalten soll.

In dieser Situation versuche ich einen Rollenwechsel, den erwachsenen Michael in Erscheinung treten zu lassen, aber dazu kommt es gar nicht. Als Jugendlicher wehre ich mich vehement dagegen, dass sich ein Erwachsener einmischt. Ich will den erwachsenen Michael nicht sehen, nicht mit ihm sprechen, ich will nicht, dass der mich sieht, der soll verschwinden. Ein Bild, in dem sich der jugendliche und der erwachsene Michael aufhalten, wird mit aller Heftigkeit unterbunden.

Der Erwachsene probiert zwei, drei Anläufe der Kontaktaufnahme – erfolglos, er wird nicht im Raum geduldet. Als ich die Kontaktsuche schließlich aufgebe und als Erwachsener meine Bereitschaft auch zu anderen Zeitpunkten signalisieren möchte, wird auch dies vom Jugendlichen mit aller Entschiedenheit zurückgewiesen – vom Gefühl des Jugendlichen, denn ein Bild, in dem er sich gegen den Erwachsenen wendet, kommt auch nicht zustande – er will nicht gesehen werden.

Dauer: 25 Minuten

Protokoll vom 3.5.1997, 10.45 Uhr

Zu Beginn ziehen mir viele Bilder aus Landsberg am Lech – wo ich vom sechsten bis zum 14. Lebensjahr wohnte – vorbei: Spielszenen bei meinem damals besten Freund im Garten, der Schulweg in allen Einzelheiten, Andrea, die ich mit 13 oder 14 Jahren kennenlernte und die eine gute Freundin wurde – vielleicht hätten wir später die ersten Zärtlichkeiten miteinander ausgetauscht. Durch die Scheidung meiner Eltern waren wir in meinem 14. Lebensjahr nach Hannover gezogen. Alle Kontakte nach Landsberg brachen bald ab. Als 14- oder 15-jähriger Junge liege ich im Wohnzimmer auf dem Sofa, lese ein Karl-May-Buch. Das Buch ist spannend – eine tolle Welt – was hätte ich auch sonst machen sollen? Seit wir in Hannover sind, habe ich keine Freunde mehr. Das Klima im Jungengymnasium ist rauh und feindlich, zu Hause ist es langweilig. Diese dicken Wälzer sind genau das Richtige, da ist der Nachmittag bald vorbei. Die traurig-deprimierende Stimmung von damals, das Gefühl auf dem Sofa und die Perspektive im Wohnzimmer ist wieder präsent.

Als Erwachsener frage ich den Jugendlichen, ob ich reinkommen darf – ja, ja –, und setze mich, den Wohnzimmertisch zwischen uns, in einen Sessel.

Ich sehe den Erwachsenen nur aus dem Augenwinkel an, ich bin überrascht, dass sich da jemand zu mir setzen will, es freut mich ein wenig, aber ich weiß nicht so recht, was ich mit dem machen soll – also lese ich einfach weiter.

Der Jugendliche scheint sehr in sein Buch vertieft zu sein, ein dicker Band. „Du liest ganz schön viel, ist dir langweilig?“

Hier brechen die Rollenwechsel ab, in rascher Folge kommen wieder Bilder aus Landsberg und es schießen mir Tränen in die Augen. Aus den Rollen bleibt das Gefühl großer Trauer um die verlorenen Freunde und Freundinnen und die riesige Einsamkeit – Bedürfnisse nach Kontakt, Zugehörigkeit, Liebe, Sex –, schon monatelang bin ich allein in dieser Stadt und hab' keinen, mit dem ich wenigstens reden kann. Da ist es gut, dass der Erwachsene jetzt wenigstens dasitzt und merkt, dass etwas nicht stimmt.

Nachdem sich die Bilder in der Traurigkeit verloren haben, breche ich die Sitzung ab.

Dauer: ca. 35 Minuten

Protokoll vom 5.5.1997, 18 Uhr

Nach der Entspannung habe ich sehr schnell ein Bild vor Augen: Ich bin zwischen acht und zehn Jahre alt und sitze auf dem Fußboden des Wohnungsflures. Meine Brüder und ich haben dort sehr oft z.B. mit „Matchbox“-Autos gespielt. Ich sitze oder liege auf dem Boden, da ich meine Eltern quasi aus der „Froschperspektive“ sehe. Ich sehe sie durch die offene Wohnzimmertüre. Sie stehen mitten im Raum, mein Vater umfasst meine Mutter von hinten, seine Hände auf ihren Brüsten, sie küssen sich. Sie haben nicht bemerkt, dass ich sie beobachte. Ich bin völlig irritiert, die Szene hat für mich etwas Irreales: Zum einen hat der Acht- bis Zehnjährige Liebkosungen der Eltern untereinander noch nie gesehen – ein ganz neues

Erleben, zum anderen passt das Bild irgendwie nicht in die allgemeine Situation, zu den Beteiligten. Als Kind kann ich meine Beobachtung nicht schön finden, ich bin einfach völlig verblüfft. Den erwachsenen Michael, der sich plötzlich neben mir befindet, frage ich ungläubig: „Was machen die da?“

Als Erwachsener sehe ich den Jungen gebannt seine Eltern beobachten, bewegungslos, mit weit geöffneten Augen. Er scheint mich gar nicht richtig wahrzunehmen. Nach einem Moment fragt er: „Was machen die da?“ Mein erster Impuls ist, dem Jungen einfach zu antworten, dass sie schmusen, aber als ich mir als Erwachsener dabei das sich uns bietende Bild noch mal ansehe, ist mir klar, dass irgendetwas nicht stimmt. Die schmusenden Eltern sind irgendwie deplatziert, es passt so einfach nicht. Ich weiß, dass der Junge auch genau hiernach fragt, aber ich kann ihm keine Antwort geben, ich bin genauso irritiert wie er.

Ich lasse das Bild noch einige Minuten stehen, auch die Ratlosigkeit, die den kindlichen und den erwachsenen Michael ergriffen hat.

Dauer: 15 Minuten

Protokoll vom 6.5.1997, 17 Uhr

Ich befinde mich, wie in den gestrigen Bildern, auf dem Fußboden unseres Wohnungsflures. Ich vermute, dass ich zehn Jahre alt bin. Wieder kann ich die Eltern durch die offene Wohnzimmertür sehen. Diesmal ist ein heftiger Streit entbrannt, sie brüllen sich gegenseitig an und ich sehe, wie meine Mutter versucht, mit einer Bratpfanne zu schlagen. Wegen des Türpfostens kann ich nicht sehen, ob sie meinen Vater trifft, aber er ist kräftig, körperlich hat sie gegen ihn keine Chance. Sie brüllen sich noch lauter an, ich kann nicht mehr erkennen, ob sie sich weiter versuchen zu schlagen – irgendwann rennt

Mutter in die Küche, Vater will wohl hinterher. Da sie dabei durch den Flur müssen, sehen sie mich, ich weiß nicht genau, ob meine beiden Brüder hinter mir sind, Mutter ruft: „Oh Gott, die Kinder."

Als Zehnjähriger überkommt mich eine gewaltige Angst, als ich sehe, wie die Eltern sich schlagen. Beim Bildern drückt sich mir richtig die Brust zusammen und das abgrundtiefe Erschrecken – jetzt geht es um die Existenz – ist wieder da.

Als Junge nehme ich den erwachsenen Michael neben mir wahr, ich sehe ihn gar nicht an, zu gebannt bin ich von den sich abspielenden Ereignissen. Beim Beobachten und Erschrecken drücke ich mich ganz fest an ihn und er hält mich fest in den Armen.

Jetzt ist es klar, warum mich das Schmusen der Eltern im gestrigen Bild so irritiert hat. Nach der heutigen Szene wundere ich mich, dass mir zwar die damalige Angst um meine Eltern sehr präsent war, ich aber nicht geweint habe, auch beim Bildern war mir der Impuls dazu fern, vielleicht war ich zu erschrocken.

Dauer: 20 Minuten

Protokoll vom 7.5.1997, 20.20 Uhr

Die Entspannung gelingt mir heute gut, auch der Einstieg ins Bildern ist heute anders. Bisher habe ich zuerst die damalige Wohngegend in Landsberg gesehen und habe von dort aus meine Erinnerungen schweifen lassen, heute tauchte dieses Anfangsbild nicht auf, ich hatte das Gefühl eines anderen Blickwinkels bezüglich meiner Vergangenheit – ein bisschen wie darüber stehend. Verschiedene Bilder, die aufkamen, waren auch nicht wie bisher oft durch Gedankengänge miteinander verbunden, sondern spontan und willkürlich aus meinem Fundus gegriffen.

Als ich ca. 13 Jahre alt war, mein Vater war schon längst von zu Hause ausgezogen, das Scheidungsverfahren lief, hatte meine Mutter einen Mann kennen gelernt, der, geschieden, mit seinen zwei Söhnen in einem Dorf nahe Landsberg wohnte. Er war ca. 40-jährig, seine Kinder zwölf und neun, meine Mutter Mitte 30. Sie wohnten in einem richtigen alten Dorfschulhaus – unten ein Klassenraum, oben die Wohnung, alles aus der Jahrhundertwende, hinter dem Haus ein großer Obstgarten mit Hühnerstall.

Zwischen vier Obstbäumen ist ein riesiges Netz aus dicken Seilen gespannt, in dem seine Söhne, meine beiden Brüder und ich klettern, schaukeln und toben. Es ist Hochsommer und es macht total Spaß. Der erwachsene Michael tritt neben das Netz mit den spielenden Kindern und es entsteht sofort ein vertrauter Dialog:

M. als Erw.: „Na, dir geht's heute total gut?!"

M. als Kind: „Ja, es ist klasse hier. Der Garten ist toll und die beiden (Jungs) und ihr Vater sind richtig nett."

M. als Erw.: „Magst du den Herrn J. gut leiden?"

M. als Kind: „Ja, der macht tolle Sachen mit seinen Kindern und uns. Der macht ganz viel – der ist ganz anders als mein Vater –, ich glaube, der versteht Kinder richtig. Heut' Nachmittag haben wir Maiskolben geschmort, das hätte Papa nie mit uns gemacht."

M. als Erw.: „Und wie ist das dann so, wenn der bei euch zu Besuch ist – da kommt dann ja plötzlich ein ganz anderer Vater zur Türe rein!?"

M. als Kind: „Es geht so – wenn der bei uns in die Wohnung kommt, dann nimmt der so viel Platz ein, das mag ich nicht so. Aber andererseits ist der auch ganz toll, der begrüßt uns richtig und fragt auch, wie es geht, wie der Tag heute war. Manchmal bringt er auch was von der Arbeit mit, z.B. riesige Fliegerlandkarten (er ist Pilot der Bundeswehr) oder einmal ein T-Shirt mit einer Transall (Transportflugzeug) vorne drauf."

M. als Erw.: „Ja und warum hast du das Gefühl, dass er in eurer Wohnung so viel Platz wegnimmt?“
Als Junge kann ich diese Frage nicht beantworten, nur das Gefühl, dass da jemand viel Raum beansprucht, ist sehr deutlich präsent.
Der Dialog bricht hier ab. Mir geht noch sehr die gute Stimmung in der Gartenszene nach – ich lasse sie etwas nachwirken. Als der Gedanke auftaucht, wie und wann wir diese Kontakte zu Herrn J. und den Kindern verloren haben, breche ich die Sitzung ab, ich möchte das schöne Bild nicht zerstören.

Im Nachhinein zum „Viel-Platz-Einnehmen“ des Herrn J.: Zum Teil ist dieses Gefühl sicherlich auf Rivalität begründet – ich bin der älteste Sohn, der Mann im Haus, zum anderen war mein Vater in den letzten Jahren schon kaum daheim und hat sich nicht um unsere Erziehung gekümmert. Im Vergleich zu ihm hat Herr J. allein durch seine Anwesenheit und durch sein Interesse uns Kindern gegenüber schon weit mehr „Platz beansprucht“.

Dauer: knapp 20 Minuten

Protokoll vom 8.5.1997, 13.45 Uhr

Die Entspannung klappt gut und ich habe schnell ein Bild vor Augen, das ich aber energisch wegschiebe. Meine Mutter sagt mir auf einem Spaziergang, dass wir wegen der Scheidung von meinem Vater demnächst nach Hannover ziehen werden. Ein fürchterlicher Augenblick!
Das Bild, an dem ich hängen bleibe, zeigt mich mit 15 Jahren. Ich sitze im Wohnzimmer der Nachbarstochter (ca. 16/17 Jahre) mit ihr und ihrer Freundin (ca. 16 Jahre) aus einem Nachbarhaus. Wie die Nachbarin heißt, weiß ich nicht mehr, die Freundin heißt Susanne. Es ist

nachmittags, ich bin froh, der heimischen Langeweile entronnen zu sein, außerdem gefällt mir Susanne ganz gut. Die Nachbarin ist gerade zur Tankstelle, irgendetwas einkaufen gegangen, Susanne und ich sind also allein in der Wohnung. Ich möchte sie gerne „anbaggern“, weiß irgendwie nicht wie und rutsche schon mal zu ihr aufs Sofa.

Es klingelt an der Wohnungstür, Susanne steht auf und öffnet. Meine Mutter steht vor der Tür und ist überrascht, nicht die Nachbarin anzutreffen. Susanne sagt ihr, dass die auch gerade nicht da sei, aber ich. Da ich das Gespräch mithören konnte, komme ich auch zur Wohnungstür, wo meine Mutter plötzlich ein Heidengezeter anfängt: „Du kommst jetzt sofort mit rüber … wenn da keiner da ist …!“

Ich finde, sie ist völlig durchgeknallt, so ein Geschrei, weil ich mit einem Mädchen in einer Wohnung allein bin. Gerade vor Susanne ist mir diese Szene extra peinlich. Widerstrebend verabschiede ich mich von ihr.

Mitten in dieser Szene steht der erwachsene Michael im Raum – wie ein langjähriger guter Freund:

M. als Erw.: „Das sieht hier ja total übel aus.“

M. als Kind: „Ach, die Alte kotzt mich an, warum haut die mir die ganze Situation kaputt?! So eine Scheiße – und dann noch so vor der Frau …!“
Der Jugendliche ist sehr am Fluchen und aufgebracht. Der Erwachsene kann seine Situation gut nachempfinden und sucht eine Möglichkeit, etwas zu retten:

M. als Erw.: „Wenn du mal mit deiner Mutter sprichst?“

M. als Kind: „Die hört doch gar nicht zu! Die versteht mich überhaupt nicht und will mich nicht verstehen! (Siehe auch Protokoll vom 3.4.) Die lebt hier doch wie eine Einsiedlerin – nur Haushalt und Familie und bekommt von der Welt nichts mit –, aber dabei dermaßen dickköpfig! Es hat keinen Zweck …“ Hier wird die Stimme ruhiger. „… vielleicht kannst du mal mit ihr reden?“

Der Jugendliche weiß, dass der Erwachsene ein anderes Verhältnis zur Mutter hat, von ihm würde sie sich was sagen lassen. Der Erwachsene stellt ein Gespräch mit der Mutter in Aussicht, kommt aber auf die vorherige Szene mit Susanne zurück:

M. als Erw.: „Das war eh ganz schön schwer für dich, dich an die Frau ranzumachen?“

M. als Kind: „Ja.“

M. als Erw.: „Ich hab’ gesehen, dass du ganz schön unsicher warst.“

M. als Kind: „Ja sehr.“

Im Gesicht des Jugendlichen sieht der Erwachsene die Frage oder Bitte nach Ratschlägen: „Wie soll ich denn mit Frauen umgehen?“ Der Erwachsene ermutigt ihn zum Ausprobieren – er soll seinen Weg finden, soll sich nicht durch Misserfolge abschrecken lassen.

Der letzte Teil dieses Dialogs war emotional sehr abgelöst von der anfänglichen Wut des Jugendlichen, war gekennzeichnet von Wärme und Verständnis.

Dauer: 20 Minuten

Protokoll vom 9.5.1997, 15 Uhr

Als ich mich hinlege und entspanne, kommt mir die Situation von heute Morgen mit aller Wucht noch einmal vor Augen: Gestern Abend hat mir die Frau, in die ich mich gerade verliebt habe, eine Abfuhr erteilt. Ich bin heute Morgen dabei mein Frühstück zu richten, ich hatte kaum schlafen können und bin immer noch sehr mit der enttäuschten Liebe beschäftigt.

Plötzlich übermannen mich zwei starke Gefühle:

- Ich fühle mich wie ein alter Mann, der am Ende seines Lebens merkt, dass er immer auf der falschen Seite gestanden hat.
- Ich fühle mich nackt und leer: „Was mach’ ich heute?“

Gleichzeitig fluche ich leise vor mich hin. Unter anderem: „Ich hab' den Karren voll an die Wand gesetzt." Bei diesem Satz stocke ich, meiner neuen Liebe gegenüber kann er nicht stimmen. Ich merke sofort, dass er sich auf die zerbrochene Beziehung zu U. bezieht. Schlagartig wird mir nach sechs Monaten klar, dass auch ich „den Karren an die Wand gefahren" habe. Die ganze Wut und Enttäuschung, die ich seit der Trennung U. gegenüber empfand, ist plötzlich weg und ich empfinde eine ganz tiefe, warme Traurigkeit. Ich habe das innige Bedürfnis, mich bei ihr zu entschuldigen.

Gleichzeitig merke ich, dass ich durch die neueste Liebesenttäuschung zwar wieder „gefallen" bin, aber ich habe jetzt auch die Gewissheit, ganz unten zu sein – auf festem Boden. Von hier aus kann ich aufbauen, hier ist nichts mehr morsch, es gibt nichts mehr nach!

In all diesem Wust an Gefühlen, der in nur ca. zehn Minuten über mich hereinbrach, sehe ich mich jetzt in der Küche stehen und weinen. Es macht mich sehr, sehr traurig und ich weine lange, aber ich bin mir auch sicher, dass ich auf den weinenden Mann dort in der Küche aufpassen kann.

Dauer: ca. 30 Minuten

Protokoll vom 10. und 11.5.1997

Nach den gestrigen Erlebnissen fühle ich mich heute sehr entspannt. Ich bin bei Freunden zu Besuch und kann zum ersten Mal seit Monaten Augenblicke und ganze Tage genießen ohne von Trauer, Wut oder Sehnsucht geplagt zu werden. Wissend, dass jetzt noch ganz viel Traurigkeit kommen wird, möchte ich dieses Wochenende einfach nur genießen.

Protokoll vom 12.5.1997, 13.30 Uhr

Ich liege keine zehn Sekunden auf dem Teppichboden und habe noch nicht einmal mit der Entspannung angefangen, da schüttelt mich schon heftiges Weinen – es geht wirklich so prompt los, als hätte ich einen Wasserhahn aufgedreht. Es dauert ca. zehn Minuten. In dieser Zeit gehen mir keine fassbaren Gedanken durch den Kopf, ich weiß aber, dass diese Traurigkeit der zerbrochenen Liebesbeziehung mit U. gilt.

Bei aller Traurigkeit habe ich das Gefühl, nicht bodenlos zu sinken – irgendwie fühle ich mich auch sicher, vielleicht gehalten. Ich stelle nach dem Weinen fest, dass ich immer noch lang ausgestreckt auf dem Rücken liege und nicht zwischenzeitlich eine zusammengerollte Embryohaltung eingenommen habe.

Protokoll vom 13.5.1997, 12 Uhr

Wie gestern ging der „Wasserhahn" auf, sobald ich mich hingelegt hatte. Dabei hatte ich mehr oder weniger deutlich U.'s Gesicht vor Augen. Ich glaube, ich konnte mich heute weiter als gestern fallen lassen, ich habe sicher auch lauter und tränenreicher geweint. In all der Trauer empfand ich es als sehr erleichternd und wohltuend, solch einen Platz für meine Traurigkeit gefunden zu haben.

Dauer: ca. 25 Minuten

Protokoll vom 14.5.1997, 8 Uhr

Morgens im Bett schweifen meine Gedanken um mein übergroßes Harmoniebedürfnis, das für mich in den letzten Wochen immer wieder Thema ist. Ich beschließe einen Blick in die Vergangenheit zu werfen:

Sehr schnell sitze ich als zehn- bis zwölf-Jähriger in meinem Kinderzimmer am Schreibtisch, vor mir irgendwelche Hausaufgaben, die ich zu erledigen habe. Vor ein paar Minuten habe ich mich mit meiner Mutter gestritten. Ich weiß nicht mehr, worum es ging, aber wie immer habe ich den Streit verloren, sie sitzt am längeren Hebel. Ich bin ziemlich wütend. Dann kommt meine Mutter ins Zimmer, legt mir die Hände auf die Schultern und sagt: „So, jetzt ist es wieder gut – wir haben uns doch lieb!" Erwartungs- und hoffnungsvoller Blick. Ich quäle mir ein leises „Jaja" über die Lippen und verkrieche mich in den Hausaufgaben. Meine Mutter geht.

Jetzt stehe ich als Erwachsener neben dem Jungen, er sieht immer noch sehr ärgerlich und enttäuscht aus.

M. als Erw.: „Dein ‚Jaja' war aber auch nur so dahergesagt, du bist ja noch total sauer."

M. als Kind: „Ja, bin ich auch – immer die gleiche Scheiße – und dann so'n blöder Spruch von wegen ‚liebhaben'."

M. als Erw.: „Warum sagst du dann ‚Jaja'?"

M. als Kind: „Ich weiß auch nicht. Ich will nur, dass die jetzt draußen bleibt!"

M. als Erw.: „Hättest du ihr auch was anderes sagen können? Etwas, das stimmt?"

Ich sitze wieder in der Position des Jungen am Schreibtisch. Ich kann keine Antwort geben. Ich möchte aber unbedingt eine finden und strenge mich sehr an.

M. als Kind: „Lass mich in Ruhe! Hau endlich ab!" sind Versuche, die mir einfallen, aber ich bin damit sehr unzufrieden. Ich grüble lange und angestrengt weiter. Es vergeht viel Zeit dabei. Der Erwachsene steht einfach neben mir, er drängelt nicht, aber ich möchte seine Frage unbedingt beantworten.

M. als Kind: „Du hast mir gerade sehr weh getan und im Moment habe ich dich nicht lieb!" – Ich merke, dass es stimmt, so möchte ich meiner Mutter nächstes Mal antworten.

Es ist schon sehr viel Vertrauen zwischen Kind und Erwachsenem gewachsen. Als Erwachsener merke ich, ich bin gerne gesehen. Wir verstehen uns und ich brauche keine vorsichtigen Begrüßungsrituale mehr.

Für das Kind/den Jugendlichen ist es sehr angenehm und irgendwie auch selbstverständlich, dass der Erwachsene in den schwierigen Situationen einfach da ist. Es ist schön, mit ihm so offen zu reden, er versteht mich.

Dauer: ca. 15 Minuten

Protokoll vom 15.5.1997, 15.30 Uhr

Vorgestern hatte ich mich mit U. verabredet und ihr meine Erlebnisse vom Freitag (9.5.) geschildert. Wir waren beide sehr aufgewühlt. Ich habe gemerkt, wie sehr ich sie noch liebe, aber sie steht seit einigen Wochen in einer neuen Beziehung. Ich glaube, jetzt beginnt für mich erst die wirkliche Trauerarbeit, nicht verzerrt und überlagert von Wut und Enttäuschung.

Über Mittag war ich heute mit einer Freundin spazieren und Kaffeetrinken. Ich habe dabei gemerkt, wie mich die Traurigkeit einholt, wie schwer sie über mich kommt. Ich musste mich dann vorzeitig von der Freundin verabschieden, weil ich mich danach gesehnt habe, mich auf meinen Teppich zu legen und zu weinen. Es war mir ganz wichtig, dieses Ventil zu nutzen. Jetzt bin ich traurig, aber entspannter.

Protokoll vom 16.5.1997, 19.10 Uhr

Die Entspannung klappt sehr gut, Bilder aus der Vergangenheit bekomme ich jedoch nicht vor Augen. Ich bin vielmehr mit den heutigen Tagesereignissen beschäftigt. Ich war heute Vormittag mit U. verabredet. Ich konnte sie dabei beobachten, als sie sich mit einer gemeinsamen

Freundin unterhielt. Dabei hatte ich das Gefühl: „Das ist nicht mehr die U., die ich mal geliebt habe, das ist eine andere Frau geworden."

Im Verlauf des Treffens war mir wichtig, Hintertürchen zu schließen, eigentlich wollte ich von ihr noch einmal hören, dass ich mir bei ihr wirklich keine Hoffnung mehr zu machen brauche – was mir vom Kopf her eigentlich längst bekannt war und auch so bestätigt wurde.

Ich lasse das Gefühl, sie als eine veränderte Frau zu sehen, auf mich wirken. Jetzt ist wirklich Klarheit geschaffen, was mir gut tut. Gleichzeitig spüre ich auch Trauer, aber ganz tief, sie will sich heute scheinbar nicht zeigen, der „Wasserhahn" funktioniert nicht. Dabei merke ich, wo jetzt endgültig Abschied zu nehmen ist, dass ich noch viel zu beweinen habe.

Dauer: ca. 25 Minuten

Protokoll vom 17.5.1997, 10 Uhr

Nach der Entspannung geht mir sofort U. als nun fremde Frau durch den Kopf. Mir wird ganz deutlich, dass die U., die ich liebte, nun der Vergangenheit angehört. Das hat etwas von einem „Gestorbensein".

Ich merke, dass ich gerne weinen möchte, aber bis auf ein kurzes Schluchzen gelingt es mir nicht. Ich erteile mir noch mal ausdrücklich die Erlaubnis dazu, vergegenwärtige mir, dass ich mich wie in den letzten Tagen fallen lassen kann und sicher aufgehoben bin, aber es nützt nichts.

Nach zehn bis 15 Minuten gebe ich auf und versuche Anschluss an meine Vergangenheit zu bekommen, aber auch hier komme ich nicht weiter. Es stellen sich keine Bilder oder Szenen ein, ich habe das Gefühl, irgendetwas in mir blockiert, will mich hindern, aber ich kann es nicht greifen. Ich breche die Sitzung ab.

Dauer insgesamt: 20 Minuten

Protokoll vom 18.5.1997, 16.30 Uhr

Nach der Entspannung brauche ich eine ganze Weile, bis Bilder an mir vorüberziehen. Ich sitze als 13-Jähriger mit meiner Mutter in unserem VW-Käfer. Wir sind auf dem Weg in die Landsberger Innenstadt. Die Straße ist sehr voll, sodass wir fast nur im Schritttempo rollen. Meine Mutter sagt mir, dass sie nun die Scheidung einreichen wird, wir weinen beide und ich sage nichts dazu. Ich bin sehr traurig, traurig, dass es nun endgültig wird, aber ich bin kein bisschen überrascht. Meine Eltern haben zwar nie über ihre Probleme mit mir gesprochen, aber Vater wohnt eigentlich eh schon nicht mehr daheim und die aggressive Stimmung zwischen beiden habe ich doch oft genug gespürt.

Nachdem mir dieses Bild sehr deutlich und detailliert vor Augen kam, schiebt sich ein anderes davor: Meine Mutter und ich gehen über die an unsere Wohnsiedlung in Landsberg angrenzenden Wiesen und Felder. Sie hat mich gebeten, zu dem Spaziergang mitzukommen und sagt mir unterwegs, dass wir in wenigen Monaten nach Hannover ziehen werden. Diese Neuigkeit trifft mich völlig unvorbereitet. Ich weiß, dass ich damals als 14-Jähriger geweint habe und ihr sagte, dass ich diesen Umzug nicht will. Beim Bildern sind die aufkommenden Gefühle sehr viel stärker: Als 14-Jähriger weine und schluchze ich stark, schreie immer wieder: „Nein! Nein! Nein!" Mein ganzer Körper spannt sich an und ich trommle wie wild auf eine Bretterwand (der Spaziergang führt an einer Scheune vorbei). Eine völlig verzweifelte Raserei.

Auch auf dem Teppich liegend fühle ich mich dementsprechend – meine Beine zucken manchmal vor Anspannung und der Brustkorb ist wie zusammengeschnürt. Ich spüre die panikartige Verzweiflung.

Als Erwachsener versuche ich in das Bild einzusteigen. Es gelingt mir aber nicht, Kontakt zu dem Jugendlichen herzustellen – er schreit, trommelt und ist völlig außer sich, will niemanden an sich rankommen lassen, will mit seinem Schmerz allein sein.

Ich weiß, dass ich damals verhältnismäßig „vernünftig“ reagiert habe. Die heutige, panikartige Raserei war sicherlich ein emotionaler Nachtrag nach nunmehr 18 Jahren. Es kam wie eine Sturmwelle über mich.

Dauer: 20 Minuten

Protokoll vom 19.5.1997, 14.15 Uhr

Es taucht eine Szene auf, die mir bei der allerersten Übung des Bilderns schon einmal kurz vor Augen kam: Ich bin ca. vier Jahre alt und sitze im Gruppenraum des Kindergartens an einem Tisch. Mir gegenüber sitzen ein Junge und ein Mädchen, ich weiß nicht mehr, ob sie Geschwister sind, wie sie heißen oder aussehen. Ich schwinge den beiden gegenüber tolle Reden, lüge, was das Zeug hält: Zum Geburtstag hätte ich einen Vogel geschenkt bekommen, der sei ganz schlau und so stark, dass ich mich an seine Füße hängen und er mit mir losfliegen könne. Real hatte ich zu der Zeit einen Wellensittich bekommen, der sehr zahm wurde und den ich sehr geliebt habe.

Ich sehe als Erwachsener den Jungen am Tisch ziemlich zentral im Gruppenraum sitzen und höre auch seine Geschichten. Ich setze mich einfach zu ihm, nur für ihn sichtbar:

M. als Erw.: „Hey, du erzählst ja tolle Geschichten.“

M. als Kind: „Ja, das ist ja auch ein ganz starker Vogel, der kann alles.“

M. als Erw.: „Glaubst du nicht, dass du etwas dick aufträgst? Du weißt doch, dass Jocky nicht so stark ist.“

M. als Kind: „Ja, ich weiß – aber guck’ mal, wie die beiden mir zuhören!“

Ich merke in der Kinderrolle wieder sehr real den wohlig-warmen Kitzel des im Mittelpunkt Stehenden, ich bin der Held.

Als Erwachsener bin ich über diese Antwort ganz schön überrascht, aber der Kleine hat recht, die beiden anderen Kinder staunen mit großen Augen und offenen Mündern. Ich kann aber nicht sicher sagen, ob sie Michael wirklich alles glauben.

M. als Erw.: „Hört dir denn sonst keiner zu, wenn du ganz normale Sachen erzählst, keine Lügengeschichten?"

Als kleiner Junge kann ich diese Frage gar nicht beantworten. Bei uns im Mietshaus wohnen noch andere Kinder und Freunde. Ich habe nicht das Gefühl, einsam zu sein.

An diesem Punkt bricht der Dialog ab. Mir fällt ein, dass damals mein erster Bruder im Babyalter gewesen sein muss und meine Mutter gerade wieder schwanger war. Vielleicht fühlte ich mich daheim vernachlässigt, aber dieses Gefühl kam beim Bildern nicht auf.

Dauer: knapp 20 Minuten

Protokoll vom 20.5.1997, 12 Uhr

Sehr schnell habe ich folgende Szene vor Augen: Ich bin ca. sieben Jahre alt und befinde mich mit mehreren Kindern auf dem Spielplatz unserer Wohnsiedlung. Ich bin mit einem etwa gleichaltrigen und bei vielen Kindern unbeliebten Jungen in Streit geraten. Ich bin der Stärkere, beschimpfe ihn und schubse ihn vor mir her. Schließlich stürzt er – da er rückwärts gehen muss – und läuft heulend nach Hause. Vor der geifernden Meute bin ich der „King".

Direkt im Anschluss erinnere ich mich an eine andere Szene:

Ich bin wieder sieben Jahre alt und gerade in den Keller unseres Mietshauses geschickt worden, um Limonade zu holen. Dort überrascht mich Bodo, ein Klassenkamerad und früherer Freund, der aber wegen seiner Unberechenbarkeit und seinen sadistischen Anwandlungen ein gefürchteter Feind geworden ist. Er ist zwar einen halben Kopf kleiner als ich und auch schmächtiger, mir aber aufgrund seiner hemmungslosen und draufgängerischen Art weit überlegen. Er hat einen Fußball dabei, den er mir unvermittelt voll ins Gesicht wirft. Aus Wut und Angst fange ich an zu weinen, was seinen Sadismus wohl erst richtig anheizt. Er genießt die Szene lächelnd. Ich darf erst wieder gehen, wenn er mir den Ball noch ein zweites Mal ins Gesicht geworfen hat, wenn ich mich weigere, gibt's Dresche. Es bleibt mir nichts anderes übrig, als mich demütigen zu lassen. Rotz und Wasser heulend laufe ich endlich das Treppenhaus hinauf, wobei ich versuche, die Tränen in den Griff zu kriegen, ich möchte nicht, dass meine Mutter etwas davon erfährt. Sie merkt zwar sofort, dass ich geweint habe, aber ich sage ihr nur, dass der Bodo mich geschlagen hätte, die Quälerei verschweige ich.

Noch im Treppenhaus sieht der erwachsene Michael den verheulten Jungen hochkommen. Er ist im Bilde über das Vorgefallene und legt dem Jungen tröstend eine Hand in den Nacken. „Das war ganz schön bitter."

Als Kind lehne ich mich an den Erwachsenen und meine Wut über meine Unfähigkeit und Ohnmacht gegenüber dem viel kleineren Bodo entlädt sich in heftigem Schluchzen.

Nachdem mich der Erwachsene eine Weile gehalten hat, sagt er:

M. als Erw.: „Der Bodo ist einfach nur brutal und damit kann er dich einschüchtern, eigentlich wärst du bestimmt stärker als er. Komm, lass uns nach draußen gehen, da raufen wir einfach."

Als Kind weiß ich nicht genau, wohin wir gegangen sind, aber wir raufen kräftig, mit meiner ganzen Wut kann ich boxen, der Erwachsene hält es aus und ermuntert mich dazu. Das nächste Mal wird es Bodo bestimmt nicht so leicht haben.

Ich glaube, dass in dieser Szene mein – in meiner Erziehung weit gehend abwesender – Vater eine zentrale Rolle spielt. Ich glaube, mir fehlte (fehlt?) die Identifikation mit dem starken Mann, der sich notfalls seiner Haut erwehren kann. Bei Handgreiflichkeiten standen mir immer meine Unsicherheit und Skrupel im Wege, sodass ich oft kampflos das Feld geräumt habe. Die eingangs geschilderte Szene ist, glaube ich, die Ausnahme, da standen zu viele anfeuernde Kinder hinter mir, die mir Sicherheit gaben.

Dauer: 15 Minuten

Protokoll vom 21.5.1997, 10.30 Uhr

Auftauchende Bilder bleiben heute fetzenhaft, ich bin sehr unkonzentriert und kann mich nicht auf ein Bild oder eine Szene einlassen.

Protokoll vom 22.5.1997, 18 Uhr

Ich finde mich als 16-Jährigen in der neunten Schulklasse wieder. Ich bin erst seit ein paar Wochen in dieser Klasse, da ich sitzen geblieben war. Diese Klasse wird von einem sehr autoritären und ungerechten, alten Lehrer geführt, ein richtiges Arschloch. Man merkt den Stil den ca. 16 Jungen an (sehr strebsam, duckmäuserisch). Sie sind sehr brav, es wird aufgestanden, wenn der Lehrer zur Tür hereinkommt, und geschlossen gegrüßt.

Ich habe heute, zumindest in einem Fach, keine Hausaufgaben gemacht. Deshalb gehe ich zwischen zwei Stunden zu Christoph, der garantiert und sehr ordentlich seine Arbeit erledigt hat:

M. als Kind: „Hey Christoph, reich' mir mal deine Lateinhausaufgaben!"
Christoph: „Ne, die kriegste nicht."
M. als Kind: „He, ich will nur kurz was abschreiben."
Christoph: „Ne."
M. als Kind: „Sag mal, was soll denn der Scheiß?" Ich bin völlig verblüfft. Abschreiben lassen habe ich bisher immer als etwas ganz Selbstverständliches erlebt.
M. als Kind: „Dann nehme ich mir halt deinen Bleistift." Ehe er reagieren kann, habe ich ihm seinen Bleistift aus dem Mäppchen gezogen. Er fängt an zu jammern, aber ohne Hausaufgaben gibt es auch keinen Bleistift. Nach wenigen Sekunden fängt Christoph an zu weinen, ich drehe mich einfach um, die Hausaufgaben sind mir jetzt egal. Ich zerbreche den Stift, werfe ihn aus dem Fenster und setze mich an meinen Platz.
Dort sitzt der, für andere unsichtbare, Erwachsene neben mir:
M. als Erw.: „Warum hast du denn den Stift geklaut?"
M. als Kind: „Ich war völlig platt, dass der so ein Trara um seine Hausaufgaben macht, so ein blödes kleines Arschloch."
M. als Erw.: „Du hättest doch zu einem anderen gehen können?!"
M. als Kind: „Ich bettel' doch nicht um etwas Selbstverständliches!"
Als Erwachsener merke ich plötzlich, dass ich eine Argumentation beginne, hinter der ich nicht stehen kann und will, ich fand Christophs Weigerung auch arg spießig.
M. als Erw.: „Tja, das stimmt, dann war's wohl nur eine kleine Racheaktion."
M. als Kind: „Zu Anfang wohl schon, aber als ich den Bleistift zerbrochen hab' und aus dem Fenster warf, war ich von Christoph nur angewidert. Die Hausaufgaben oder der Stift waren mir da schon schnurz, aber dass man sich erst so anstellt und dann wegen eines

Bleistifts anfängt zu flennen, das find ich total erbärmlich, das frustriert!“

Erst beim Protokollieren geht mir auf, dass mich wohl am meisten der fehlende Zusammenhalt gegen den unmöglichen Lehrer geärgert hat. Alles wurde hingenommen, kein Widerspruch, jeder für sich ein kleiner Speichellecker. Und anstatt sich das Leben wenigstens gegenseitig zu erleichtern, lässt man noch nicht einmal die Hausaufgaben abschreiben. Ich glaube, das hatte mich wirklich frustriert.

Dauer: ca. 20 Minuten

Protokoll vom 23.5. und 24.5.1997

Da ich heute und gestern sehr volle Arbeitstage hatte, kam ich nicht zum Bildern.

Protokoll vom 25.5.1997, 19 Uhr

Im Laufe des Tages war mir aufgefallen, dass mir bisher beim Bildern immer belastende Situationen vor Augen kamen. Wo bleiben eigentlich die schönen Aspekte meiner Vergangenheit?

Ich war vor ca. zwei Jahren von Landsberg weggezogen, bin also 16 Jahre alt. Mit meinem Vater, der noch immer in den Bergen wohnt, und einem meiner Brüder machen wir einen Abstecher nach Landsberg, wo ich prompt die alten Freunde wiedertreffe. Mit meinem Vater vereinbare ich, dass er mich erst in zwei Tagen wieder abholt. So lange bleibe ich bei den Freunden. An den zwei Abenden sind Partys angesagt.

Ich bin überglücklich, Guido und Klaus-Peter wieder getroffen zu haben, meine besten Freunde. Wir verbringen den Tag gemeinsam, ihr Freundeskreis hat sich vergrößert, wir treffen viele Leute – es geht mir gut.

Die Party findet auf einer abgelegenen Halbinsel am Lech statt. Es brennen mehrere Lagerfeuer, an die 40 Leute sind da, haben Zelte dabei oder schlafen da, wo sie irgendwann umkippen. Es wird geraucht und gesoffen, irgendwann kommt die Polizei vorbei, irgendjemand hätte in der Stadt Wurstsalat geklaut. Das war eine der schönsten Nächte meines Lebens.

Als Erwachsener stehe ich mit dem Jugendlichen auf einer Art „Feldherrenhügel", wir betrachten die Szene zu unseren Füßen.

M. als Erw.: „Jetzt geht es dir richtig gut!"

M. als Kind: „Ja, es ist klasse. Es sind tolle Leute hier – manche kenne ich flüchtig von früher, die sind richtig gut drauf, manche hab' ich noch nie gesehen – keine Ahnung, wo die herkommen – und trotzdem gehöre ich einfach dazu."

M. als Erw.: „Kannst du dir davon nicht auch etwas nach Hannover retten?"

M. als Kind: „Ich glaube nicht. Ich würde ja schon gerne öfter hierher zu Besuch kommen, aber woher soll ich die Kohle für die Fahrkarten nehmen? Oder was soll ich Guido und Klaus-Peter in Hannover bieten? Ich hab' da ja niemanden und zu Hause ist es mehr als öde – ich glaube, das wäre ganz schön peinlich!"

Der erwachsene und der jugendliche Michael stehen jetzt sehr dicht nebeneinander, jeweils einen Arm um den anderen gelegt.

M. als Erw.: „Dann bleibt dir wohl nichts anderes, als diesen Abend und den morgigen in vollen Zügen zu genießen!"

M. als Kind: „Ja, das werde ich auch tun … und später werde ich weinen."

Als der Jugendliche das sagt, muss ich weinen. Ganz viel Traurigkeit ist wieder da, der Verlust von Freunden und Heimat.

Dauer: ca. 25 Minuten

Protokoll vom 26.5.1997, ca. 16.30 Uhr

Nachdem ich vorhin U. kurz getroffen habe, bin ich sehr aufgewühlt und getrieben. Ich mache einen Spaziergang durch die Weinberge, wobei mich eine verzweifelte Traurigkeit überkommt. Sie zieht mich sehr in ihren Bann, einer jener schier ausweglosen Momente. Quasi am Tiefpunkt fällt mir das gestrige Bild ein: der Jugendliche und der Erwachsene Arm in Arm auf dem „Feldherrenhügel" stehend. Ich merke richtig, wie ich mich selbst festhalte und wie in den nächsten Minuten die Verzweiflung zurücktritt. Was bleibt, ist die tiefe Traurigkeit.

Ca. 17.30 Uhr. Ich bin nach Hause gefahren und habe mich hingelegt, um der Traurigkeit freien Lauf zu lassen, ich weine ca. 20 Minuten. Ich weine um U., ohne dabei bestimmte Gedanken im Kopf zu haben, bis auf einen Satz, der plötzlich da ist: „Ich arme Sau, ich." Diese Traurigkeit ist jetzt von ganz viel Mitleid mir selbst gegenüber geprägt und ich weine heftiger.

Als ich mich wieder beruhigt habe, geht es mir deutlich besser, ich merke, dass – zumindest vorerst – viel Druck von mir genommen ist. Die tiefe Verzweiflung, die noch vor kurzem auf mir lastete, ist weg.

Rückblickend haben mir die letzten vier Wochen, glaube ich, viel gebracht.

Verändert hat sich für mich:

- Der Umgang mit Traurigkeit – ich kann endlich wieder richtig weinen. Neben der Ventilfunktion finde ich es ganz wichtig, dass Trauer jetzt einen Platz in mir hat, sie beherrscht und lähmt nicht mehr ganze Tage und Wochen durch Bohren aus dem Hinterkopf heraus, sondern ich kann sie zulassen, wenn ich merke, sie drückt, und sie macht dann auch wieder anderen Gefühlen Platz.
- Ich merke, dass ich in der letzten Zeit ausgeglichener geworden bin. Zwar überkommen mich – wie vorges-

tern – immer wieder heftige Gefühle, aber sie sind nicht mehr so beängstigend. Ich habe mich zuvor oft sehr getrieben gefühlt. Wahrscheinlich musste ich vor der mir sehr fremden Gefühlswelt weglaufen.
- Dass ich mir selbst Halt, Trost und Sicherheit geben kann, ist eine Erfahrung, die ich nicht mehr missen möchte.

10 Kapitel

Die Arbeit mit dem inneren Kind als Unterstützung für viele Formen von durchgeführter Psychotherapie

Da ich selbst drei verschiedene Psychotherapierichtungen erlernt habe und mich auch in anderen ein bisschen kundig gemacht habe, bin ich voll überzeugt davon, dass diese Arbeit mit dem inneren Kind bei jeder Form von Psychotherapie, die ein Psychotherapeut mit einem Patienten durchführt, sehr gut einzubauen ist. Vor allem stelle ich es mir sehr günstig vor, wenn man diese „Eigentherapiemethode“ z.B. in den letzten Monaten einer Psychotherapie zusätzlich einbaut, wenn die Hauptstörung beseitigt ist und es vor allem darum geht, das in der Therapie bereits Erreichte zu stabilisieren und vielleicht noch eine gewisse Form von restlicher Symptomatik zu reduzieren. Dann ist für meine Begriffe diese Arbeit sehr nützlich, denn sie verhilft dem Patienten noch einmal in einer neuen Art eine Form von Hilfe zur Selbsthilfe zu finden, die er dann auch, wenn die normale Therapie vorbei ist, für sich selbst weiterführen kann – nach dem Motto der *„geistigen Reiseapotheke“*, die man immer dabei hat. Außerdem finde ich bei dieser Arbeit besonders erfreulich, dass der Klient selbst so viel dabei tut, und nicht nur im Zusammenhang mit seinem Therapeuten. Der gesamte Selbstständigkeits- und Selbstbewährungsprozess werden dabei ganz erheblich unterstützt.

11 Kapitel

Anwendung dieser Arbeit mit dem inneren Kind bei Kindern und Jugendlichen

Bei den Therapien, die ich mit Kindern und Jugendlichen durchgeführt habe, habe ich auch versucht, die Arbeit mit dem inneren Kind ein wenig mit einzubauen. Ich habe sie angeleitet, einen Zugang zu ihrem inneren Kind zu finden. Dabei kann man zum inneren Kind eigentlich gut nur dann kommen, wenn der Jugendliche schon zumindest zwischen 15 und 18 Jahre alt ist, damit auch ein entsprechender Jahresabstand zum inneren Kind erfolgen kann. Was sich aber als ganz besonders günstig erwiesen – war, sowohl bei Kindern als auch bei Jugendlichen war – ihnen zu zeigen, dass sie auch einmal aus der Rolle des Erwachsenen handeln können. Ich habe zum Beispiel einem achtjährigen Jungen angeboten, dass er sich vorstellen sollte, dass er jetzt 20 Jahre älter ist. Nun sollte er als der Erwachsene, der er dann geworden ist, quasi zu dem Kind, das er heute ist, in einer bestimmten Szene hingehen. In dieser schwierigen Szene hatte er als Erwachsener Gelegenheit, dem achtjährigen Jungen (der er heute ist) zu helfen. Es ist sehr erstaunlich, wie genau Kinder wissen, was sie vom Erwachsenen brauchen, und wie gut sie sich in der Rolle des Erwachsenen selbst helfen können. Dies hat auch zu erstaunlich schnellen und positiven Entwicklungen innerhalb des gesamten Therapiegeschehens sowohl bei Kindern als auch bei Jugendlichen geführt.

Eine 18-jährige Abiturientin, die gerade im Prüfungsstress ist, bilderte z.B., dass sie in der Rolle einer zehn Jahre älteren Erwachsenen (die ihr Abitur und Studium bereits hinter sich hat) zu dieser 18-jährigen verzweifelten Schülerin hingeht und sie fragt, was ihr denn helfen könnte, aus ihrer Verzweiflung herauszukommen. Sie antwortete in der Rolle der 18-jährigen – und zwar erstaunlich schnell –, dass ihr Schlaf helfen würde. Und zwar ein Schlaf von zwei Wochen durchgängig. In der Rolle der Erwachsenen schlägt sie der 18-jährigen vor, sich das jetzt einfach mal im Zeitraffer vorzustellen. Die 18-jährige könne sich ganz auf die Erwachsene verlassen, sie würde sie rechtzeitig wieder aufwecken. Die 18-jährige schläft ein und schläft im Zeitraffer zwei Wochen lang durchgängig. Sie wacht dann wie vereinbart pünktlich um zehn Uhr eines imaginären Tages auf und fühlt sich frisch und erholt. Sie hat nun neue Kräfte, sich auf ihre Bücher und ihr gesamtes Lernmaterial zu „stürzen". In der Realität betrug der Zeitraum von zwei Wochen im „Zeitraffer" ca. zehn Minuten! In einem anderen Bild kam bei dieser 18-Jährigen z.B. auch die Frage an die zehn Jahre ältere Erwachsene, ob sie denn das Abitur nun bestehen würde, denn die zehn Jahre Ältere wüsste das doch schon. Und die Antwort der zehn Jahre Älteren war ein ganz klares Ja, das die 18-Jährige wiederum unglaublich beruhigte.

Nebenbei sei gesagt, dass diese Schülerin mit dieser Methode zunehmend ihre Prüfungsängste verloren und ihr Abitur gut geschafft hat.

Kapitel 12

Der Lohn der Arbeit mit dem inneren Kind

Wenn Sie im Laufe der Zeit einen guten Kontakt zu Ihrem inneren Kind mit dieser Arbeit hergestellt haben, ist der große Lohn der, dass Sie nun die ganze Hilfe, die Sie Ihrem inneren Kind gegeben haben, von ihm zurückbekommen können. Das bedeutet, dass Sie, wenn Sie als Erwachsener irgendwelche Probleme in Ihrem Leben haben, nur in Gedanken Ihr inneres Kind zu fragen brauchen, was Sie in dieser Situation jeweils tun sollen. Das innere Kind wird Ihnen antworten und Ihnen sagen, was für Sie zu dem momentanen Zeitpunkt richtig ist. Es wird Ihnen helfen, *Entscheidungen zu treffen*, zu denen Sie vielleicht vorher nicht in der Lage waren. Und es wird Ihnen auch bei ganz einfachen Dingen helfen, z.B. wenn es Ihnen aus unbestimmten Gründen nicht gut geht. Dann brauchen Sie nur Ihr inneres Kind zu fragen, was Sie tun sollen. Es wird Ihnen z.B. antworten: „Ich bin jetzt so müde, ich möchte mich unbedingt hinlegen und mich ausruhen und nicht noch einen Einkauf tätigen." Wenn Sie sich dann, nach dem Vorschlag Ihres inneren Kindes, hinlegen, werden Sie vielleicht erst merken, *wie* müde Sie waren. Ihr inneres Kind weiß immer genau, was Sie brauchen, denn es ist der eigentliche Zugang zu Ihrem Inneren. Ebenso kann es z.B. sein, dass Sie sich nicht dafür entscheiden können, ob Sie Ihren Partner heiraten wollen oder nicht, wenn Sie von ihm diesbezüglich gefragt werden. Ihr inneres Kind weiß bestimmt, was es will und was gut für Sie ist. Also fragen Sie es ruhig auch, wenn Sie vor solch einer Entscheidung stehen und sich unsicher sind. Sie können davon ausgehen, dass Ihr inneres Kind andere Perspektiven sieht und daher auch andere Seiten Ihres Partners, die Ihnen vielleicht noch gar nicht aufgefallen sind.

Es ist gut, sich daran zu gewöhnen, jeden Tag einen kurzen Blick auf Ihr inneres Kind zu werfen, um zu sehen, wie es ihm geht. Dazu brauchen Sie dann weder eine Entspannungsübung noch viel Zeit. Das ist manchmal eine Angelegenheit von wenigen Sekunden. Sie werden merken, wenn Sie diese Arbeit längere Zeit wie in diesem Buch beschrieben durchgeführt haben, dass Sie dann auch in wenigen Sekunden sofort innerlich sehen, wie es dem Kind in Ihnen geht. Und je nachdem, wie es ihm geht, ist das nur ein Ausdruck, wie es Ihnen als Erwachsenem in Wirklichkeit geht. Wir sind oft von unserem eigentlichen Befinden so weit entfernt, weil wir in dieser Gesellschaft gewohnt sind, unseren Kopf so intensiv und oft fast ununterbrochen einzusetzen und unser Herz nicht mehr zu spüren. Der Kontakt zum inneren Kind lehrt uns, diese beiden Seiten wieder miteinander zu verbinden, d.h., unser Herz und unseren Geist. Sie werden merken, wenn diese beiden in einem guten Einklang miteinander sind, wird es Ihnen sehr gut gehen. Sie werden sich wohl fühlen und häufig auch viel glücklicher sein als früher.

Wenn Sie längere Zeit mit Ihrem inneren Kind gearbeitet und selbst *eigene Kinder* haben, mit denen Sie vielleicht früher nicht so gut klargekommen sind, werden Sie jetzt merken, dass Sie einen wesentlich besseren Zugang zu ihnen haben, da Sie das Kind in sich selbst wieder mehr spüren und dadurch auch viel mehr Verständnis entwickeln konnten, was ein Kind von einem Erwachsenen an Zuwendung benötigt. Und wie Sie bei der Arbeit sicher festgestellt haben, ist nicht unbedingt nötig, dass der Erwachsene sich ununterbrochen um das Kind kümmern oder mit ihm spielen muss. Wichtig ist in allererster Linie, dass Sie als Erwachsener für das Kind da sind, wenn es Sie braucht, auch mit Ihrem Herzen und Ihrer ganzen Aufmerksamkeit.

Der größte Lohn, den Sie durch diese Arbeit mit Ihrem inneren Kind für sich bekommen können, ist m.E. der, dass Sie eigentlich nie mehr Angst zu haben brauchen, depressiv zu werden. Denn wenn auch nur ein Funke davon im Anflug ist, brauchen Sie ja nur sofort zu Ihrem inneren Kind schauen und gucken, was es braucht. Wenn Sie das machen – z.B. wenn das Kind

Ihnen signalisiert, dass es im Moment von Ihnen als Erwachsenem in den Arm genommen werden möchte, und Sie es dann in Gedanken tun, auch wenn es nur wenige Minuten sind –, wird dieser Anflug von leichter Depression sofort wieder verschwinden. So ist es auch mir gegangen, wenn ich zwischendurch in so eine kurze Situation hineingekommen bin. Ebenso ist es z.B. mit Ängsten. Wenn Sie *Ängste* haben, die über die normalen Ängste, die jeder Mensch zum Überleben haben muss, hinausgehen, bedeutet das letztlich in erster Linie, dass Sie und damit Ihr inneres Kind sich irgendwo schutzlos fühlen. Wenn Sie nun als Erwachsener diesem Kind Schutz geben, indem Sie sich ihm entsprechend zuwenden, wird es – und damit auch Sie – die Angst verlieren.

Ähnlich ist es mit Ihrer Selbstständigkeit und Ihrem *Selbstbewusstsein*. Je besser der Kontakt zu Ihrem inneren Kind als Erwachsener ist, desto selbstbewusster werden Sie sein, denn Sie sind *handlungsfähig* geworden, in einer Weise, wie Sie es vielleicht vorher nicht waren. Außerdem ist es jetzt meist schneller möglich, richtig zu handeln, als es Ihnen vorher vielleicht möglich war.

Und schließlich: Wenn Sie sich früher in Partnerschaften beziehungsunfähig erlebt haben, werden Sie dieses Erlebnis, wenn Sie mit dem inneren Kind gearbeitet haben, ab jetzt zur Vergangenheit zählen können, denn Sie sind mit aller Garantie *beziehungsfähig* geworden. Denn beziehungsunfähig zu sein bedeutet, dass Sie als Erwachsener keinen guten Kontakt zu Ihrem inneren Kind haben. Sobald Sie diesen Kontakt in positiver Weise und mit viel gegenseitigem Vertrauen hergestellt haben, werden Sie auch als beziehungsfähiger Mensch zu anderen Menschen gute Kontakte herstellen können und sich in positiver Beziehung zu diesen erleben.

Schlussbemerkung

Mittlerweile habe ich in den letzten neun Jahren sehr viele Menschen in die Arbeit mit dem inneren Kind eingeführt. Alle, die mindestens drei Wochen lang intensiv mit ihrem inneren Kind gearbeitet haben – d.h., täglich mindestens zehn Minuten –, haben mir ausschließlich positive Rückmeldungen über ihre persönliche Wandlung geben können. Diese Wandlung hat die meisten auch dazu motiviert, dann noch wesentlich länger mit ihrem inneren Kind weiterzuarbeiten, jedoch nicht mehr in diesem täglichen Rhythmus wie zu Beginn, da hierfür oft die Zeit fehlt.

Denken Sie immer daran, dass Sie bei dieser Arbeit durchaus auch zu Szenen kommen können, die u.U. erst zwei oder drei Jahre in Ihrem Leben zurückliegen, die Sie aber aus der heutigen Sicht schon wieder mit Abstand sehen und dadurch auch wiederum diesem Menschen, der Sie vor drei oder vier Jahren waren, helfen können. Sie können ihm als der Mensch, der Sie heute sind, neue Wege aufzeigen, ihn trösten und ebenso eine Situation, die erst vor drei oder vier Jahren geschehen ist, noch einmal in eine positivere Erlebniswelt tauchen, als Sie sie damals erlebt haben. Dann wird wiederum das jetzige imaginäre Leben im nächsten Moment Vergangenheit sein, wie das reale Erleben der Situation vor drei oder vier Jahren Vergangenheit ist. Somit wird die neue Erinnerung die alte wieder positiv überdecken.

Wie Sie aus den beiden langen Protokollreihen von Barbara und Michael sehen, macht jeder, wenn er genaue Aufzeichnungen anfertigt, dies in völlig anderer Art. Ich bin sicher, wenn 300 Menschen mit dieser Arbeit ihrem inneren Kind Gutes tun, gibt es 300 verschiedene Formen, wie die Einzelnen diese Arbeiten protokollieren würden. Nehmen Sie das, was Sie hier gelesen haben, einfach nur als Beispiel und entwickeln Sie Ihre eigene Form. Es lohnt sich auf jeden Fall, das zu machen, da Sie in diesen Protokollen später wieder sehr spannend nachlesen können, welche Entwicklung Sie innerhalb eines doch nur sehr kurzen Zeitraums gemacht haben. Wenn Sie die Protokollierung so durchführen, wie sie in der üblichen Art gemacht wird, nämlich stichpunktartig, geht es weniger darum, dabei Ihren gesamten Entwicklungsprozess nachlesen zu können, sondern darum, dass Sie inhaltlich ein bisschen erinnert werden, welche Szenen Sie z.B. aus Ihrer Kindheit oder Jugendzeit in Ihren inneren Bildern dargestellt haben. Es wird Ihnen vor allem helfen, „am Ball zu bleiben" (denn wir müssen uns ja immer wieder austricksen, was die nötige Disziplin für solch eine Arbeit angeht!).

Und noch ein Wort zu den Tränen, die Ihnen „hoffentlich" bei dieser Arbeit immer wieder einmal kommen. Denken Sie daran: Diese Tränen lösen Blockaden auf und sind so ziemlich das Beste, das Ihnen passieren kann. Ich habe bei meiner eigenen Arbeit mit meinem inneren Kind, als es darum ging, meine Verlassenheitsängste und Ängste vor dem Alleinsein aufzuarbeiten, viel geweint. Heute kann ich sagen: Diese Tränen sind wie Perlen von unschätzbarem Wert, denn sie lösen die ganze Verzweiflung, die in einem steckt, auf. Und haben Sie keine Angst, falls Sie auch einmal heftig weinen müssen. Das hört ganz automatisch nach einiger Zeit auf und Sie fühlen sich danach wunderbar erleichtert und ruhig.

Denken Sie immer wieder daran: Es kommt bei dieser Arbeit nicht auf neue Erkenntnisse hinsichtlich Ihres früheren Lebens als Kind an. In erster Linie geht es darum, dass Heilung geschieht, wenn Sie sich aus der Rolle des Erwachsenen in liebevoller und interessierter Weise Ihrem inneren Kind widmen.

Ich wünsche Ihnen damit viel Erfolg!

Literaturverzeichnis

Adler Gral, Jessie: *Unser innerer Geliebter.* Edition Astrodala 1995

Apter, Terri: *Ich schaff das schon.* Herder, Freiburg 2000

Arminger, Margret: *Das innere Kind.* Ariston, München 1995

Abrams, Jeremia: *Die Befreiung des inneren Kindes.* dtv. München 1996

Brandl, Karin: *Magie – die Kreativität des inneren Kindes.* Droemer Knaur, München 1996

Chopich, Erika: *Aussöhnung mit dem inneren Kind.* Hermann Bauer, Freiburg 2001

Chopich, Erika: *Entdecke dein inneres Kind.* Hermann Bauer, Freiburg 1997

Hoffmann, Bob: *Entfaltung der Liebe.* Heyne, München 1998

Mary, Michael: *Begegnungen mit dem inneren Kind.* Nordholt 1999

Meier, Heinz: *Folge Deinem Stern.* Paulus, Freiburg 2000

Minalli, Ava: *Heilung für das Innere Kind.* Smaragd, Woldest 2002

Samuels, Arthur: *Im Einklang mit dem inneren Kind.* Herder, Freiburg 2000

Schellenbaum, Peter: *Die Spur des inneren Kindes.* Walter, Düsseldorf 2001

Schneider, Christa: *Unser inneres Kind heilen.* Ludwig, München 1996

Whitfield, Charles L.: *Heilen des inneren Kindes.* Medizin + Neues Bewusstsein 2000

Stichwortverzeichnis

A

B

D

E

F

G

H

I

J

K

L

O

P

R

S

T

U

V

W

Z

Leben, wie Sie es wollen

Fühlen Sie sich manchmal überfordert und zu weit entfernt von den Menschen, die Ihnen wichtig sind? Sind Sie begrenzt durch Ihre finanziellen Möglichkeiten? Verfolgt von einem nagenden Gefühl der Unzufriedenheit? In diesem US-Bestseller zeigt Ihnen Cheryl Richardson, bekannter Lebenscoach, wie Sie Ihr Leben wieder selbst in die Hand nehmen und Ihre lang vergessenen Träume und Hoffnungen reanimieren.

320 Seiten, Taschenbuch
ISBN 3-478-08850-X

Im Alltagstrott verliert man leicht den Sinn für das Wesentliche: wirkliches Glücksgefühl und Zufriedenheit mit sich und der Welt. Leider und Shapiro helfen, ehrlich Zwischenbilanz zu ziehen und alle Lebensbereiche sinnvoll neu zu ordnen.

2. Auflage, 284 Seiten, Taschenbuch
ISBN 3-478-08331-1

Jetzt bei Ihrem Buchhändler!

www.mvg-verlag.de

mvg *Verlag*
Move your life!

So bringen Sie neuen Schwung ins Leben

Möchten Sie endlich Ihr Leben so leben, wie Sie es sich vorstellen? Sie scheuen sich aber vor Veränderungen? Die erfahrenen Therapeuten Beechy und Josephine Colclough begleiten den Leser in diesem Buch auf dem Weg, seine innersten Ängste und Blockaden, aber auch seine Wünsche und Potenziale zu erkennen. Einfühlsam erläutern sie, wie man selbst errichtete Hindernisse überwindet, sich realistische Ziele setzt und Schritt für Schritt Veränderungen im Leben herbeiführt.

226 Seiten, Taschenbuch
ISBN 3-478-08828-3

Wenn die Dinge im Leben nicht so klappen, wie man sich das wünscht, fehlt es oft an der richtigen Strategie. Phillip C. McGraw zeigt Ihnen in diesem intelligenten und warmherzigen Buch zehn fundamentale Lebensregeln, die man beherzigen sollte, um leichter, erfolgreicher und mit mehr Lebensfreude zu leben. Er liefert auch gleich die passenden Strategien dazu, mit denen sich die wichtigen Einsichten leicht im eigenen Leben anwenden lassen.

3. Auflage, 312 Seiten, Taschenbuch
ISBN 3-478-08364-8

Jetzt bei Ihrem Buchhändler!

www.mvg-verlag.de

mvg Verlag
Move your life!